心一堂當代術數文庫 堪輿類

廖氏家傳玄命風水學（三）

——楊公鎮山訣篇

附 斷驗及調風水

廖民生 著

Śūnyatā

書名：廖氏家傳玄命風水學（三）—楊公鎮山訣篇附斷驗及調風水
系列：心一堂當代術數文庫・堪輿類
作者：廖民生
新加坡弟子李霖生畫圖
廣州弟子李金榮整理校正
責任編輯：陳劍聰

出版：心一堂有限公司
地址（門市）：香港九龍旺角西洋菜街南街5號好望角大廈1003室
電話號碼：(852)6715-0840
網址：publish.sunyata.cc
電郵：sunyatabook@gmail.com
網上書店http://book.sunyata.cc
網上論壇http://bbs.sunyata.cc/

版次：二零一七年六月初版

平裝

定價：港幣　一百二十八元正
新台幣　五百五十八元正

國際書號　978-988-8317-32-5

香港及海外發行：香港聯合書刊物流有限公司
香港新界大埔汀麗路36號中華商務印刷大廈3樓
電話號碼：(852)2150-2100
傳真號碼：(852)2407-3062
電郵：info@suplogistics.com.hk

台灣發行：秀威資訊科技股份有限公司
地址：台灣台北市內湖區瑞光路七十六巷六十五號一樓
電話號碼：(886)2796-3638
傳真號碼：(886)2796-1377
網絡書店：www.govbooks.com.tw

中國大陸發行 零售：心一堂書店
深圳地址：中國深圳羅湖立新路六號東門博雅負一層零零八號
電話號碼：(86)0755-82224934
北京地址：中國北京東城區雍和宮大街四十號
心一堂官方淘寶：sunyatacc.taobao.com/

目錄

第一章　楊公鎮山訣

第一章　楊公鎮山訣

古傳天星天機互配圖

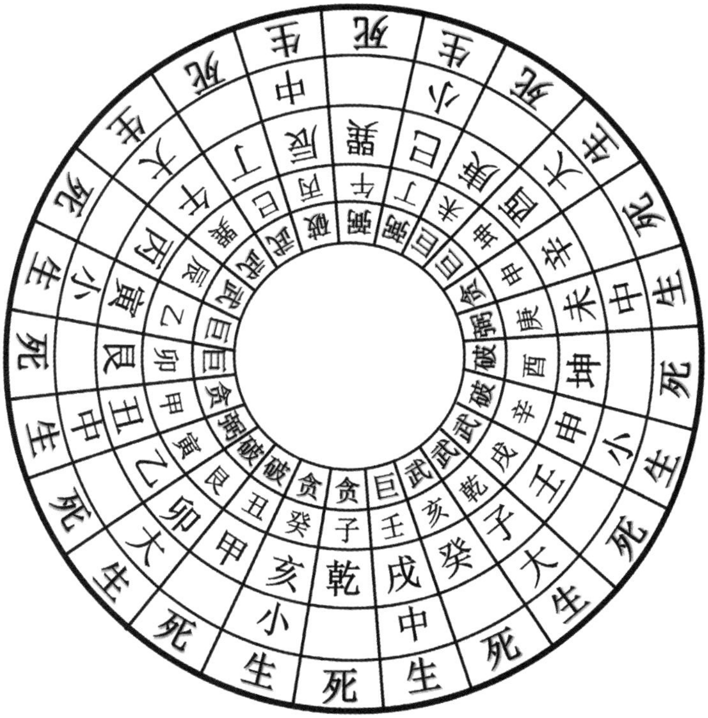

第一層：替卦起例

第二層：二十四山

第三層：河洛龍水交配圖

第四層：四局水法圖

第五層：正零點位陰陽對卦圖

此為龍配坐、向配水，合河洛之數一六、二七、三八、四九、之配互成合數收兼零堂生氣，陰陽對正錯分吉凶禍福之圖。

河洛之根源

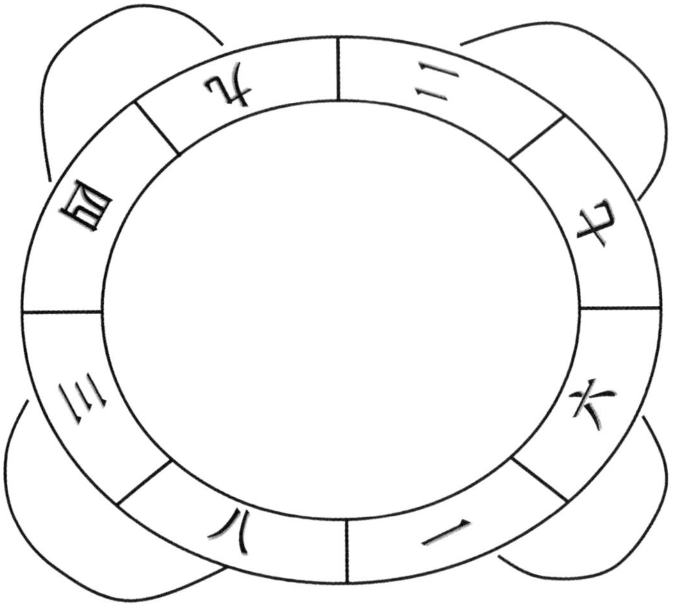

訣曰：江東一卦從來吉，八神二卦排龍位，八神四個二，南北八神共一卦，端的應無差。

洛書一六、二七、三八、四九、相配為四個一，為四大局，如一白龍入首配六白坐山，向水四九相配，向配水龍配坐山為一卦之用，成四個二，此為風水之根源，離此道定出偏差。

論三卦

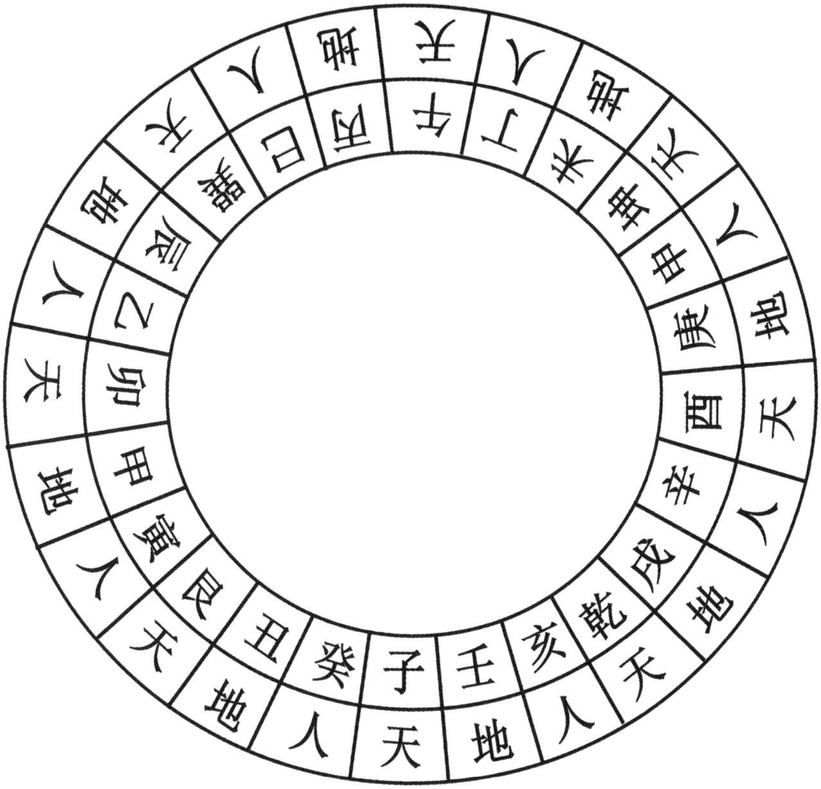

訣曰：二十四龍管三卦，二十四龍不出三卦父母坎離震兌四生四旺乾艮巽坤四生四墓而南北東西陰陽會合之情，盡於此矣，三卦者天地人，四旺子午卯酉，四生寅申巳亥，四墓辰戌丑未。生者為人元，旺者為天元，墓者為地元。龍坐向水同在一元中為會合之情。

論元空卦

訣曰：天卦江東掌上尋知了值千金，地書八卦誰能會山與水相對。

七	三	五
六	八	一
二	四	九

龍坐

注：天卦即三元九運之卦致，如一九八四年至二零零三年為下元七運，二零零四年到二零二三年為下元八運、地書八卦即排飛星，七運以七入中飛走九宮，龍水坐向再論生剋。

例下元八運，一白龍立六白坐山，龍得四綠裡，坐得九紫星合四九相配，此局人丁大旺，因龍與坐山論人丁，向與來水論財。

入首論

訣曰：先定來山後定向，聯珠不相放，須知細五行，富貴結金龍。

注：入首即穴星束氣入處，在此處下羅庚看龍從何來，就是何龍入首，此看風水的第一步，一般看風水就行這一步，但古代達官貴人看風水還追龍，從龍始祖開始追一直追到結穴入首這一節為止，此為排龍訣內容，現代已經不合用了。

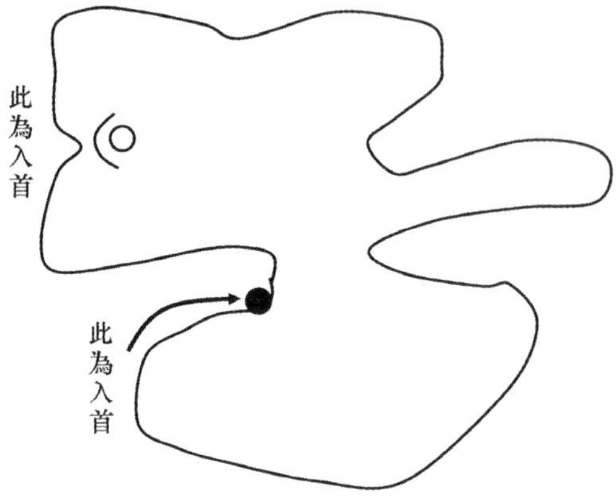

坐向論

訣曰：五行若然翻值向，百年子孫旺，陰陽配合亦同論，富貴此中尋。

注：先看龍是從何字入手，合洛書一六、二七、三八、四九相配，再合三卦天地人之用為上吉，在一局之內次用替卦挨可速發福，但難長久。例：子龍入首合洛書配六白坐山，再合三卦，必定要立乾向巽為上吉，但立子壬亥三山也在同一局中，所以為次吉，出偏論，立戌山為外位，他州安身或外出之局，立子兼癸或癸山用替卦，其餘也仿些。

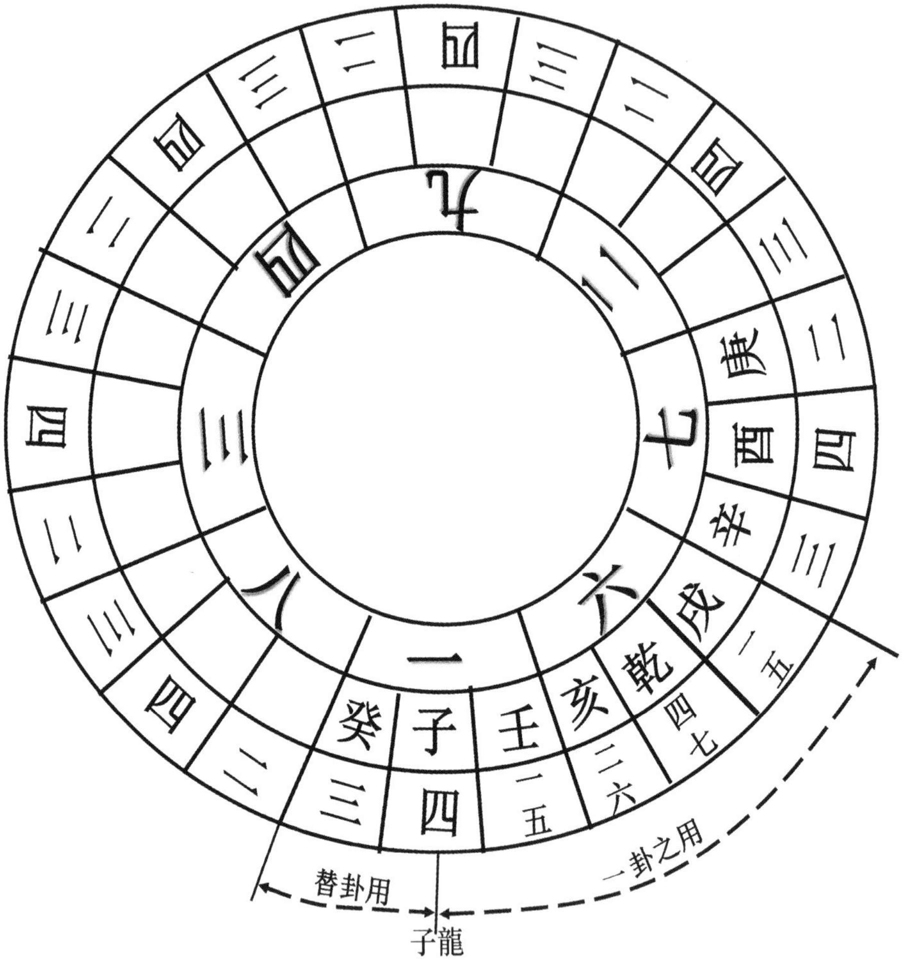
九
二
七
六
一
八
三
四
庚
酉
辛
戌
乾
亥
壬
子
癸
替卦用
子龍
一卦之用

龍配坐山主要是旺人丁，從子龍入首可以看到由子開始子出一丁，龍穴旺成倍四丁。壬出二丁旺為五丁，亥出三丁旺出六丁，乾四子旺出七子，戌出二子旺出五子，癸位用替卦另論，此一局由子到戌立乾最佳，其它次，如不在此一卦之內為損丁局，立辛山損三子，酉山損四子，庚山損二子，就算有吉星來救助也損半。此為左轉正排，右轉立坐向為逆排子丁，如乾龍立子山則從乾一開始數到子為四子，餘龍配山也仿此局。

四大水局

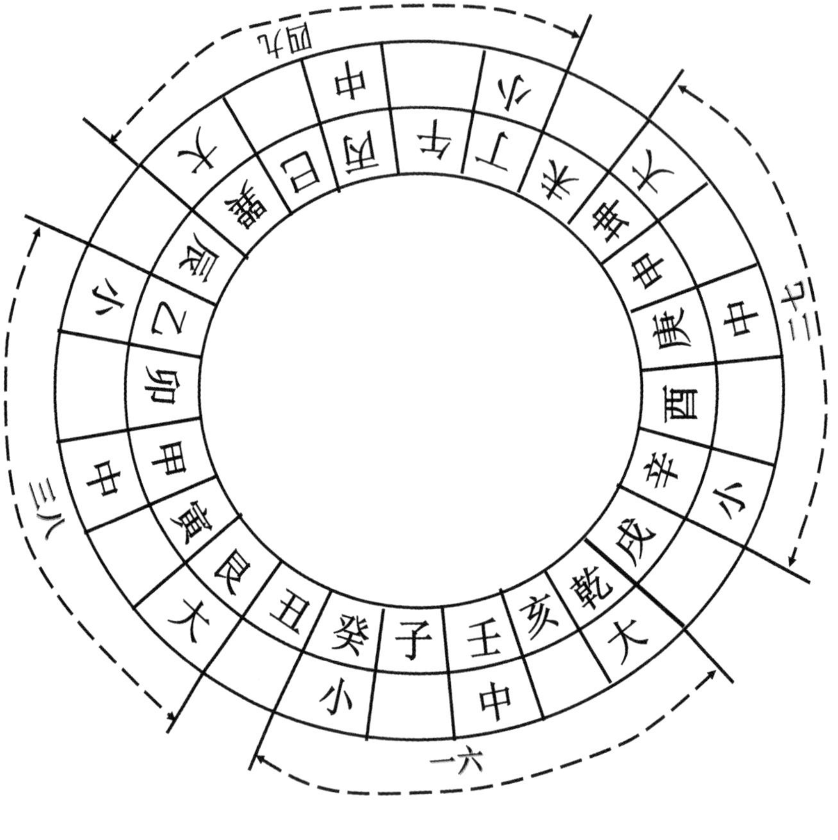

訣曰：三陽水口源流富貴永無休，三陽六秀二神當立見入朝堂，水到御街官便至，神童狀元出，印綬若然水口出，御街台輔貴。

注：三陽水即一局中的小中大三神之水，六秀是指地支的砂與水配合，御街是指乾巽，坤艮，四位為玉街，有的人稱五里神水法，因從小神到大神正好是五位。如一六局，水從癸流入壬再流入乾聚，此為小神折入中神位，中神折入大神位，發富均而久遠。如午龍入首立巽山乾向，水從癸方來到壬小停再聚乾位，此為上等風水穴。但實際中合此四大局的地少之又少，只可遇不可求，實際應用中，三陽中有二位或一位聚水就夠了，癸丁辛乙為次男地如水聚此方發三六房，壬丙甲庚為仲男地水聚此發二五房，乾坤艮巽為長男位，水聚此發一四房，如三陽位有山來破，那房破敗那房，如巽山乾向乾方有山只得癸壬兩方聚水，仲次二房發財長子破，由小到大為吉，但有的水是從大到小如一六局，癸到乾合局，但乾到癸為反局主退財，如停聚也可以吉論，如水從乾方來到壬停聚再流癸去，此局長次子都退敗只有仲子發財。此四大局中一六局發貴，四九局清富貴，二七、三八兩局是大富局，以向配水管錢財，辛入乾宮百萬莊癸歸艮位發文章，乙向巽流清富貴，丁坤終是萬斯箱，此就是我講的四大水局，被人誤認為救貧黃泉，實質不解其奧亂用。

財丁合局

訣曰：父母陰陽仔細尋，前後相兼定。前後相兼兩路着，分定兩邊安。卦內八卦不出位，代代出尊貴。向水流歸一路行，到處有聲名。龍行出卦無官貴，不用勞心力。只把天醫福德裝，未解見榮光。

注：龍配坐向配水，為合局，龍配坐為半局管人丁，向配水為半局管錢財，如得一失一就出偏有財無丁或丁旺無財，洛書為根源，又如子龍配乾山得水從丁入丙再聚巽合成財丁大旺之局，又如乾龍立子山也配丁入丙再乾坤之水又合一吉局。可見龍可變化但三陽水局是固定不變的。

論替卦挨星

訣曰：

惟有挨星為最貴，洩漏天機密，天機若然安在內，家活當富貴。

天機若然安在外，家活漸退敗。五星配出九星名，天下任橫行。干維乾艮巽坤壬，

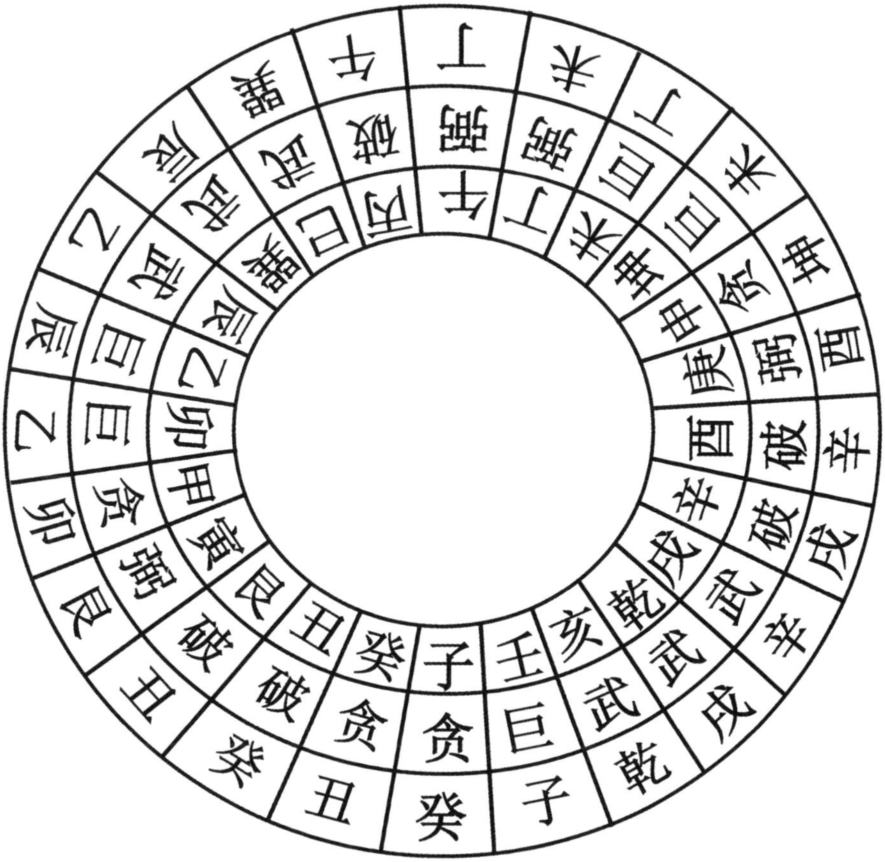
丙 午 丁 未 坤 申 庚 酉 辛 戌 乾 亥 壬 子 癸 丑 艮 寅 甲 卯 乙 辰 巽 巳
弼 弼 巨 巨 贪 弼 破 破 武 武 武 巨 贪 贪 破 破 弼 贪 巨 巨 武 武 武 破
丁 未 丁 未 坤 酉 辛 戌 辛 戌 乾 子 癸 丑 癸 丑 艮 卯 乙 辰 乙 辰 巽 午

陽順星辰輪。支神坎震離兌癸，陰卦逆行取。

分定陰陽歸兩路，順逆推排去，知生知死亦知貧，留取教兒孫。

注：來龍入首的輔位為替卦位如子龍入首，子至乾位一六卦氣，子為輔位，又如乾龍入首乾至子為一氣，戌為輔位，一氣位子龍立乾山為正位，發福久遠較遲。輔位發福速但不能長遠，例子龍入首，立乾山巽向，如在八運，坐配龍為相成，向配水剋出，所以此運下葬，不能用，如改位輔位癸山丁向子用貪為挨星以一入中逆行龍坐山生入，水向生人，此為大吉局，所以此局用替速發貴。餘坐山用替同仿此，子癸丑卯乙辰午丁未酉辛戌十二坐山為陰逆起飛星，艮寅甲巽巳丙坤申庚乾亥壬十二坐山為陽順起飛星。

		入生		
巽		離		坤
	二	六	四	
震	三	一	八	兌
	七	五	九	
艮		坎		乾
		入生		

8	4	6
7	9	2
3	5	1

陽　弼　順

5	1	3
4	6	8
9	2	7

陽　武　順

9	5	7
8	1	3
4	6	2

陽　貪　順

1	5	3
2	9	7
6	4	8

陰　弼　逆

7	2	9
8	6	4
3	1	5

陰　武　逆

2	6	4
3	1	8
7	5	9

陰　貪　逆

6	2	4
5	7	9
1	3	8

陽　破　順

1	6	8
9	2	4
5	7	3

陽　巨　順

8	3	1
9	7	5
4	2	6

陰　破　逆

3	7	5
4	2	9
8	6	1

陰　巨　逆

二十四龍起替向水龍座生路剋吉凶表

龍	向	坐	結論
壬	相成	剋出	旺財損丁
子、癸	生入	生入	丁財兩旺
丑	剋入	相成	丁財兩旺
艮	相成	剋入	丁財兩旺
寅	生入	剋入	丁財兩旺
甲	剋入	剋入	丁財兩旺
卯	生出	剋出	大凶
乙	生出	剋出	大凶
辰	剋出	相成	旺丁損財
巽、巳	相成	剋出	旺財損丁
丙	相成	生出	旺財損丁
午、丁	剋出	剋出	丁財兩損
未	剋入	生入	丁財兩旺
坤	生入	剋入	丁財兩旺
申	剋出	剋出	大凶
庚	剋出	生出	大凶
酉、辛	相成	剋出	旺財損丁
戌	相成	剋出	旺財損丁
乾、亥	剋出	相成	旺丁損財

子癸丑艮寅甲未坤此八龍起替財丁兩旺，辰巽巳丙辛壬酉戌乾亥此十龍為半吉局可用。卯乙申庚午丁六龍勿用替大凶。丑癸戌辛丁未乙辰此八龍起替因不在一氣內，出卦易出偏一般不用。

玄空論

訣曰：關天關地定雌雄，富貴此中逢，翻天倒地對不同，秘密在玄空。

注：前面講述了龍配坐向配水合成一局，但何時用此局最佳，那麼要看元運飛星，以坐與向為主看龍與水，生入剋入相成者最吉，生出剋出損為凶勿用，下面將三元九運飛星配二十四龍坐向水吉凶，一一列出，供操作不熟練者查閱：

6	2	4
5	7	9
1	3	8

下元七運

3	8	1
2	4	6
7	9	5

中元四運

9	7	5
8	1	3
4	6	2

上元一運

7	3	5
6	8	1
2	4	9

下元八運

4	9	2
3	5	7
8	1	6

中元五運

1	6	8
9	2	4
5	7	3

上元二運

8	4	6
7	9	2
3	5	1

下元九運

5	1	3
4	6	8
9	2	7

中元六運

2	7	9
1	3	5
6	8	4

上元三碧

一、壬龍立戌山辰向、癸龍立亥山巳向、子龍立乾山巽向

元運	龍與坐山	向與水	結論
一	生出	生出	退財損丁
二	剋入	相成	丁財兩旺
三	剋出	相成	損丁旺財
四	生入	相成	丁財兩旺
五	相成	相成	丁財兩旺
六	相成	剋出	旺丁損財
七	相成	剋入	丁財兩旺
八	相成	剋出	旺丁損財
九	剋入	剋入	丁財兩旺

二、亥龍立癸山丁向、乾龍立子山午向、戌龍立壬山丙向

元運	龍與坐山	向與水	結論
一	生入	生入	丁財兩旺
二	剋出	相成	損丁旺財
三	剋入	相成	丁財兩旺
四	生出	相成	損丁旺財
五	伏位相成		丁財兩旺
六	相成	剋入	丁財兩旺
七	相成	生出	旺丁損財
八	相成	剋入	丁財兩旺
九	剋出	剋出	丁財俱損

三、艮龍立卯山酉向、丑龍立甲山庚向、寅龍立乙山辛向

元運	龍與坐山	向與水	結論
一	剋入	剋入	丁財兩旺
二	生出	剋出	丁財俱損
三	相成	生入	丁財兩旺
四	相成	相成	丁財兩旺
五	伏位相成		丁財兩旺
六	相成	相成	丁財兩旺
七	剋出	相成	損丁旺財
八	生入	剋入	丁財兩旺
九	剋出	生出	丁財俱損

四、甲龍立丑山未向、卯龍立艮山坤向、乙龍立寅山申向

元運	龍與坐山	向與水	結論
一	剋出	剋出	丁財俱損
二	生入	剋入	丁財兩旺
三	相成	生出	旺丁損財
四	相成	相成	丁財兩旺
五	伏位相成		丁財兩旺
六	相成	相成	丁財兩旺
七	剋入	相成	丁財兩旺
八	生出	剋出	丁財俱損
九	剋入	生入	丁財兩旺

五、辰龍立丙山壬向、巽龍立午山子向、巳龍立丁山癸向

元運	龍與坐山	向與水	結論
一	生入	生入	丁財兩旺
二	相成	剋出	旺丁損財
三	相成	剋入	丁財兩旺
四	相成	生出	旺丁損財
五	伏位相成	相成	丁財兩旺
六	剋入	相成	丁財兩旺
七	生出	相成	損丁旺財
八	剋入	相成	丁財兩旺
九	剋出	剋出	丁財俱損

六、丙龍立辰山戌向、午龍立巽山乾向、丁龍立巳山亥向

元運	龍與坐山	向與水	結論
一	生出	生出	丁財兩損
二	相成	剋入	丁財兩旺
三	相成	剋出	旺丁損財
四	相成	生入	丁財兩旺
五	伏位相成		丁財兩旺
六	剋出	相成	損丁旺財
七	生入	相成	丁財兩旺
八	剋出	相成	損丁旺財
九	剋入	剋入	丁財兩旺

七、未龍立庚山甲向、坤龍立酉山卯向、申龍立辛山乙向

元運	龍與坐山	向與水	結論
一	剋入	剋入	丁財兩旺
二	剋出	生出	丁財俱損
三	生入	相成	丁財兩旺
四	相成	相成	丁財兩旺
五	伏位相成		丁財兩旺
六	相成	相成	丁財兩旺
七	相成	剋出	旺丁損財
八	剋入	生入	丁財兩旺
九	生出	剋出	丁財俱損

八、庚龍立未山丑向、酉龍立坤山艮向、辛龍立申山寅向

元運	龍與坐山	向與水	結論
一	剋出	剋出	丁財俱損
二	剋入	生入	丁財兩旺
三	生出	相成	損丁旺財
四	相成	相成	丁財兩旺
五	伏位相成		丁財兩旺
六	相成	相成	丁財兩旺
七	相成	剋入	丁財兩旺
八	剋出	生出	丁財俱損
九	生入	剋入	丁財兩旺

楊公鎮山訣是以龍配坐，向配水互兼之用，龍配坐用一正一輔正用是以上二十四龍所配的坐向，輔為替卦挨星，除非地理環境所限制，如地理生成的在一氣之內也可用，用法與龍山正配一樣，出卦不在一氣之內勿用，就算穴真收零堂氣上穴，也能發一時之榮貴，但很快衰退，龍配坐山，正配即用一氣同在一卦之內，發能久遠而大，但發福應慢此在三元九運中兩者相旺最吉，兩者都凶的勿用，現在人生育少，一般丁損財旺的半吉運也可以用，因財為養身之源，不可缺，丁旺財損半吉運勿用。如運不吉和求速發也可用替卦輔位，但難發長久。

二十四山字字金

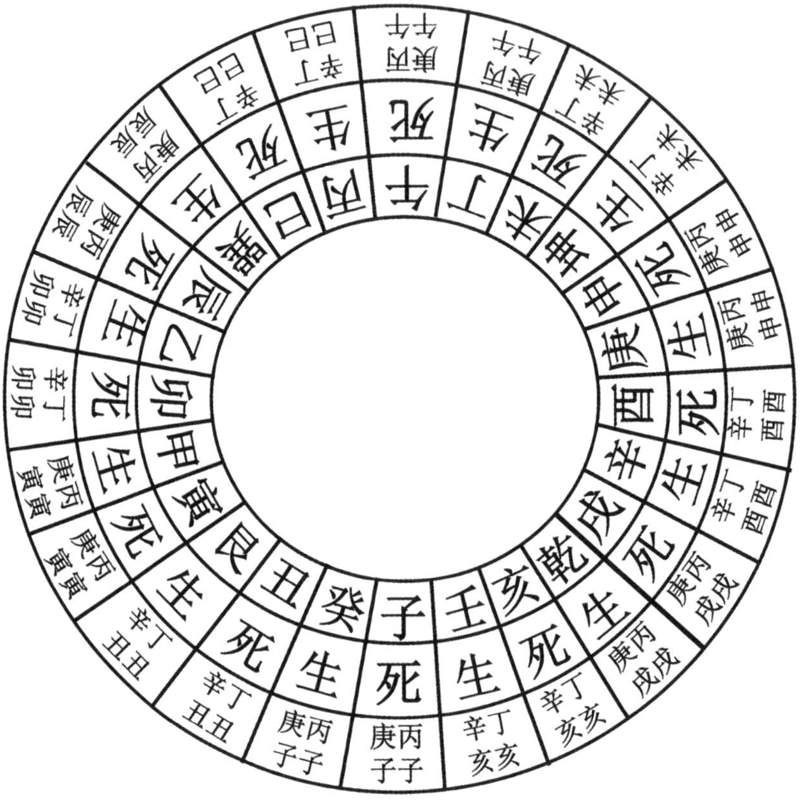

訣曰：陰陽二字看零正坐向須知病，若遇正神正位裝撥水入零堂，零堂正向須知好認取來山腦，水上排龍點位裝積粟萬餘倉。

師曰：知生也知死，向上翻直取，若遇生位開門迎，死神向來閉門避，此中玄妙處全在水神功。風水的一半玄機在此，另一半玄機在地眼上。其它的訣法只能作錦上添花，均其房份，人丁財運吧。

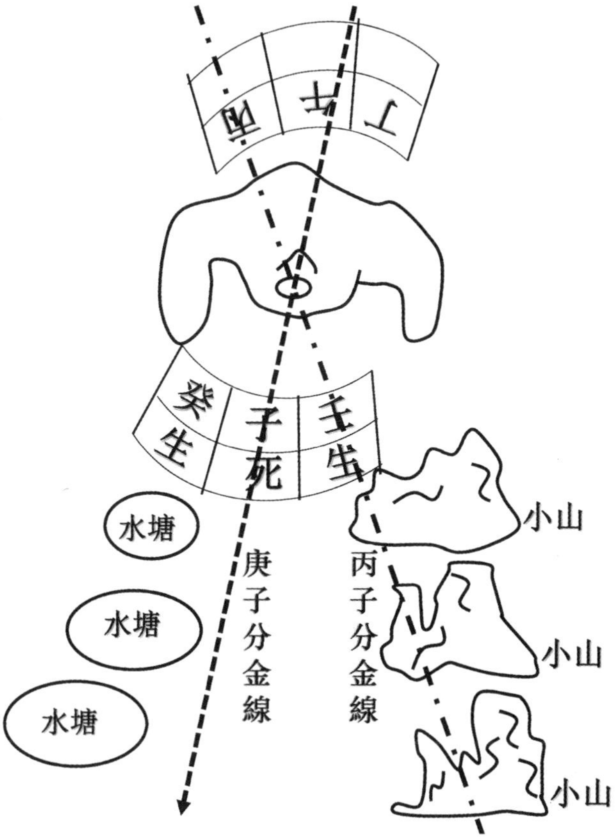

此地名寶瓶山，巽來龍立午山子向用庚子分金，後代子孫過千人非常昌盛，近年一次大山火，火燒到墓前數步就熄滅了，於是聲名大震，此穴在堂前還聞到奇香。評：子向為正神死氣，壬癸為零神生氣位癸方見水塘聚來零神聚上吉，用庚子分金，後代當昌盛。壬方見小山無水來聚為死氣，若用丙子分金受死氣當敗絕，由此可見用庚子分金受癸方生氣應當富貴，用丙子分金無壬方的生氣，受本位子方死氣影響當敗。

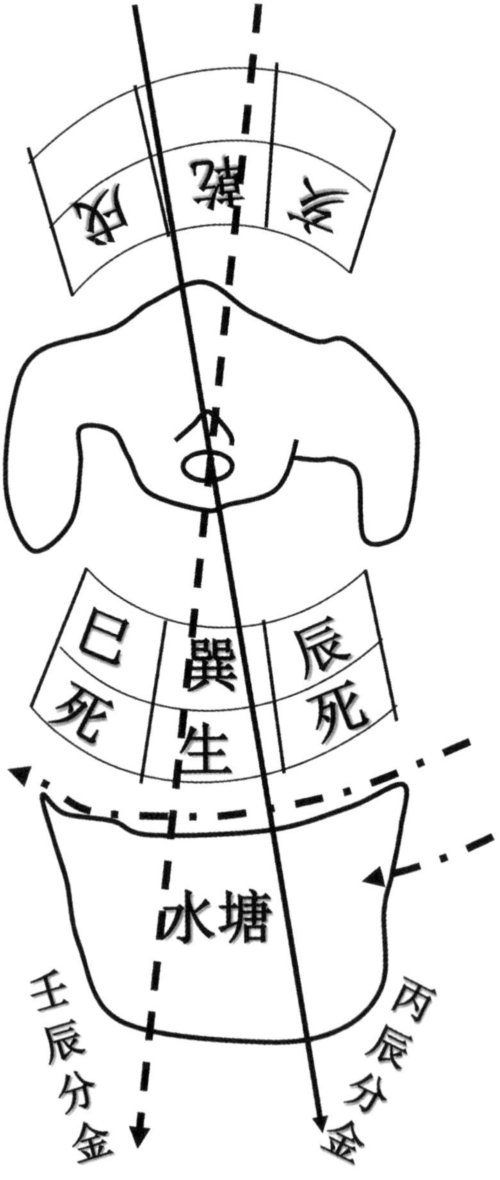

此墳地名螺山子龍入首坐乾向巽用壬辰分金。到今子孫過千人，墳主去世，在美國留下大量財產，成立基金，現在每年子孫每人還可分到幾千到幾萬元不等。評：水從辰方來聚在上巽位零神聚水上吉，用丙辰分金收三分生氣當速富，但不能長久，因收氣太少，此局凡大開門收用壬辰分金盡收巽方吉氣得長久之富。

此墳是宋代一宰相墓地名飛鵝朝斗，庚龍入首坐未山丑向用辛丑分金，此墳為台山三大名墓之一，評：水由小到大合五里神水法，小神乙進中神甲再聚大神艮位，得此水房份發均。用辛丑分金受艮位零神生氣得大富貴局，因辛丑到艮位還有三度死氣，應葬後初年平平，後來大吉若用乙丑分金，開丑位死氣門受死氣過多，多代後才發一代富貴。

房份子息論與陰陽比對卦

訣曰：逐男位上算經游富貴容易收，胎沐養生貪長共冠臨衰旺仲，仲子排來病死位墓絕亦皆是，向定陰陽順水裝三子一齊昌，子寅辰乾共丙乙長男排此位，午申戌與坤壬辛二男此位真，卯巳丑及艮庚丁三男位相生，酉亥未兼巽甲癸四男此位際。

注：前章論三陽水局論房份乙辛丁癸為小神，此水到先發小男，壬丙庚甲為中神，此水到先發中男，乾坤巽艮為大神位，此水到先發長男，此為三陽水局論，與本章陰陽對比卦來論不同，前章專論水，子寅辰在陰卦位先發長男，乾丙乙在陽卦位發長男，對倒換長男敗，午甲戌在陰卦位中子發坤壬辛在陽卦發中子，對倒中子敗，卯巳丑在陰卦位發三男，艮庚丁在陽卦發三男，對倒三男敗，酉亥未在陰卦位發四男，巽甲癸在陽卦位發四男，對倒四男敗，子丑寅卯辰巳午未申酉戌亥此十二支得砂排到哪位哪位發，甲乙丙丁庚辛壬癸乾坤艮巽此八干四維得水排到哪位哪位發，有關房份的向題比較複雜，與青龍白虎明堂案山有關，也與四大水局的三陽水有關，但最重要是後章的的陰陽比對卦。

天地萬物以陰抱陽為生，陽抱陰為絕，風水以坐為陰卦以砂為貴，水為閒神待用，向為陽卦為人富，山為閒神，十二地支為地得砂為貴，落水為凶，八干四維為天得水為榮，上山為凶，即子丑寅卯辰巳午未申酉戌亥十二地支得砂在陰卦為貴，下水在陰卦為凶，在陽卦為閒神為不凶不吉。甲乙丙丁庚辛壬癸乾坤艮巽十二位得水為榮，在陽卦為吉，上山在陽卦為凶，在陰卦為閒神，山管山水管水各歸本位吉，陰陽錯乘為禍。

壬山屬二房為主離鄉、黃腫、水厄、墮胎等凶事。壬水屬二房位外出經商發財或因賊發財。

子山屬長房位，丁旺男丁多，有雙胞胎或六指的現象。子水屬長房位主敗財、野心大，貪污盜賊的後代。

癸山屬四房位，偏生女多易生缺唇、腳帶疾的人。癸水屬四房位，得發橫財或因女起家。

丑山屬三房位，能發農畜之財起家。丑水屬三房位，剋妻、忤逆、孤寡、疾病。

艮山屬三房位，慢慢衰退，雖有才華也無用。艮水屬三房位，出經商致富顯官貴。

寅山屬長房位，得橫財，進祿位。寅水屬長房位傷足、手疾、車禍、癡愚的事。眼疾凶死虎傷。

甲山屬四房位，聾啞、跛腳、痼疾瘟火傷人。甲水屬四房位，主小貴或以旁門左道起家。

卯山屬三房位，男有權貴，學識過人，出文武貴。卯水屬三房位流氓、乞丐、好賭，淫亂之事，絕丁。

乙山屬長房位，出手足帶疾或生女不生男，買子斷後等，乙水屬長房位，出科甲、技藝之才。

辰山屬長房位，節約，吝嗇起家，辰水屬長房位，車禍，官非，水禍，夭折，伶仃，瘟疫，缺唇。

巽山屬四房位，出游手好閒且子女犯桃花，巽水屬四房位，高科文貴因親發財產，女貴。

巳山屬三房位，旺丁財長壽人，巳水屬三房位，少亡暗啞淫亂跛足蛇傷。

丙山屬長房位，多災禍，犯火災眼疾。丙水屬長房位，官貴水進女人財。

午山屬二房位，富豪顯貴，外鄉榮貴，進女人暗財，午水屬二房位主火災，桃花，吐血，目疾，官非。

丁山屬三房位，主退財，患心腹之病，短壽等。丁水屬三房位，進財長壽有名聲，女婿貴。

未山屬四房位，易出道僧之人，卜醫星相之職，未水屬四房位，暗疾盜賊，離鄉，孤寡，伶仃，邪道。

坤山屬二房位，易出寡婦，少亡，淫亂，僧尼。坤水屬二房位，女人長壽，發女家之財。

申山屬二房位，利少年發財，才華出眾，經商致富。申水屬二房位，外死少年忤逆，暴死，禍重。

庚山屬三房位，凶暴，流氓，盜賊，犯牢災，庚水屬三房位，武貴水，勇將，謀略，財祿。

酉山屬四房位，忠厚，老實，白手興家或進陰人之財，酉水屬四房位，破相淫亂，離鄉。

辛山屬二房位，多生女懶惰之人，辛水屬二房位，聰明，發科甲，女生容貌出眾秀麗得財富。

戌山屬二房位，勤儉，吝嗇致富，戌水屬二房位，忤逆，不義，少亡，孤寡，凶死，癲狂，腳疾。

乾山屬長房位，頭疾，腳疾，聾啞，駝背之人。乾水屬長房位，官貴，聚富，主榮世代昌盛。

亥山屬四房位，得貴人助，樂善好施，有財富。亥水屬四房位，短壽，內疾，吐血，，損少年人。

以上二十四山砂水同斷十二地支得砂為吉，得水為凶，八干四維得砂為凶得水為吉，但斷風水時，十二地支只用一半即六個地支，餘在陽卦裡為閒神，八干四維十二位也只用六個在陰卦裡的為閒神、詳見下例分析。

例一：子山午向，此局陰卦是從右辛起到卯止，此十二位為陰卦，陽卦是從酉起在乙止此十二位為陽卦，此局陰卦閒神為辛乾壬癸艮甲此六位為閒上山也不以凶斷，陽卦閒神為酉、申、未、午、巳、辰六位為閒神，下水也不以凶斷，除去閒神不用餘下陰卦戌、亥、子、丑、寅、卯六位為用神，如有一位缺或下水，問題就出於此。陽卦去閒神不用餘庚坤子丙巽乙六位為用神，如有一位上山，問題就出現於此。

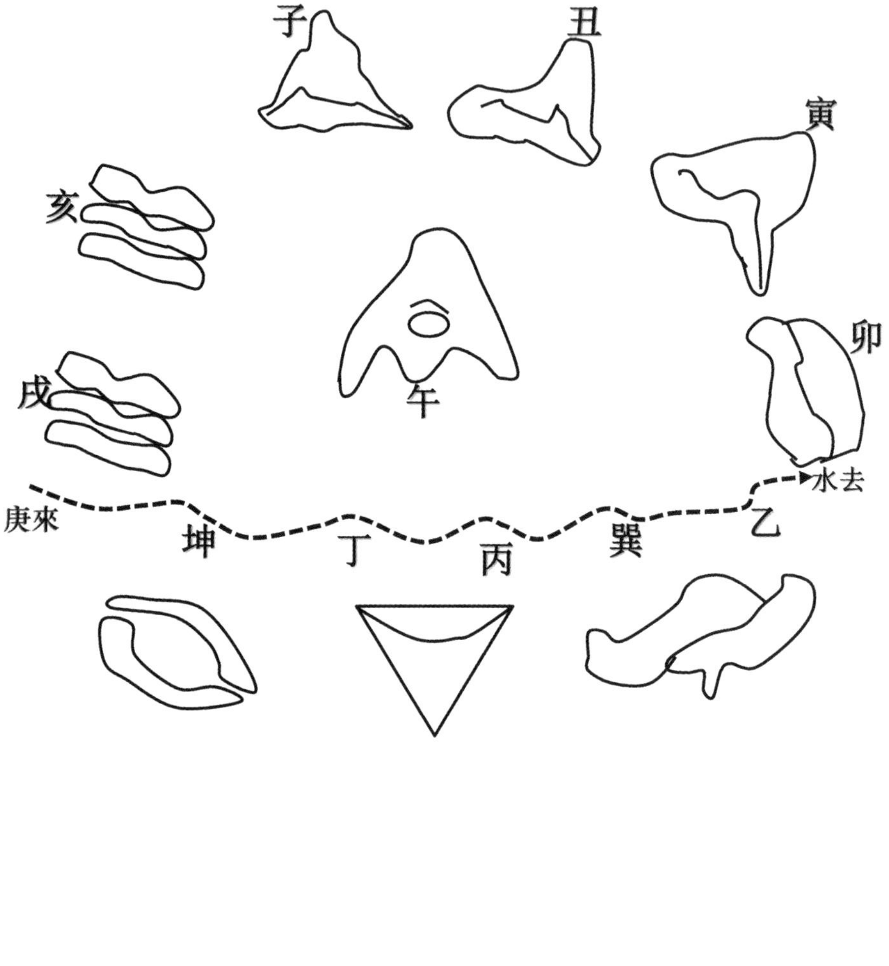
子
丑
寅
亥
卯
戌
午
水去
庚來
乙
坤
巽
丁
丙

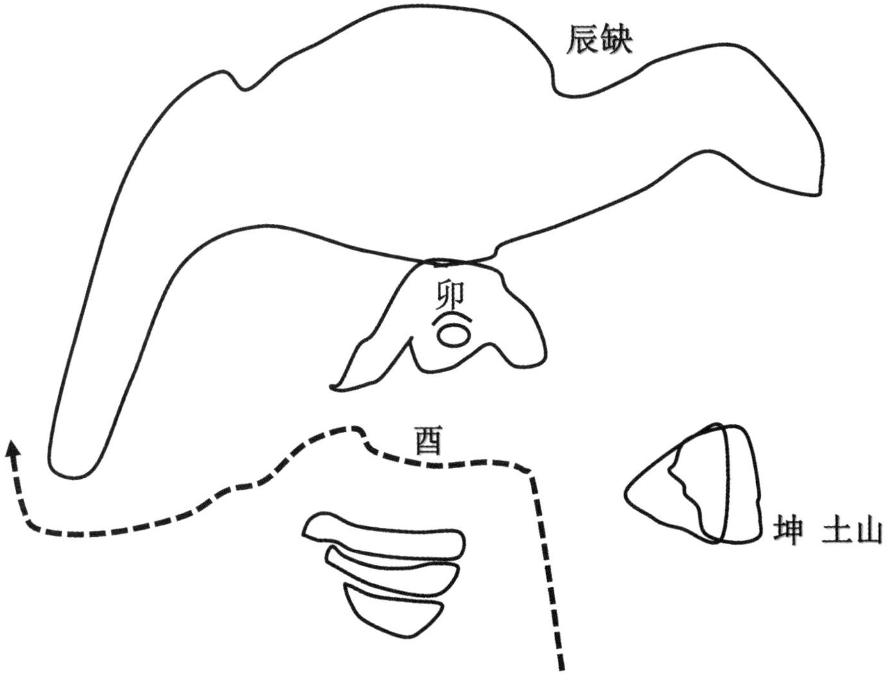

例二：卯山酉向，此局陰卦丑寅卯辰巳午為用神，獨辰位缺。陽卦壬乾辛庚坤丁為用神獨坤位上山，斷辰水屬長房，易犯官非，車禍、水災等，到三合年應即申子辰年，坤山屬二房都帶破損。

例三：乾山巽向，此局屬平地龍，陰卦申酉戌亥子丑六位，只有亥獨高，陽卦坤丁丙巽乙甲六位獨丙巽兩位有水塘，此局亥山與巽水都屬四房位，以四房最貴，亥卯未年應喜事並臨，丙水屬長房位，長子應六合之年發財辛年大利，其餘房平常。

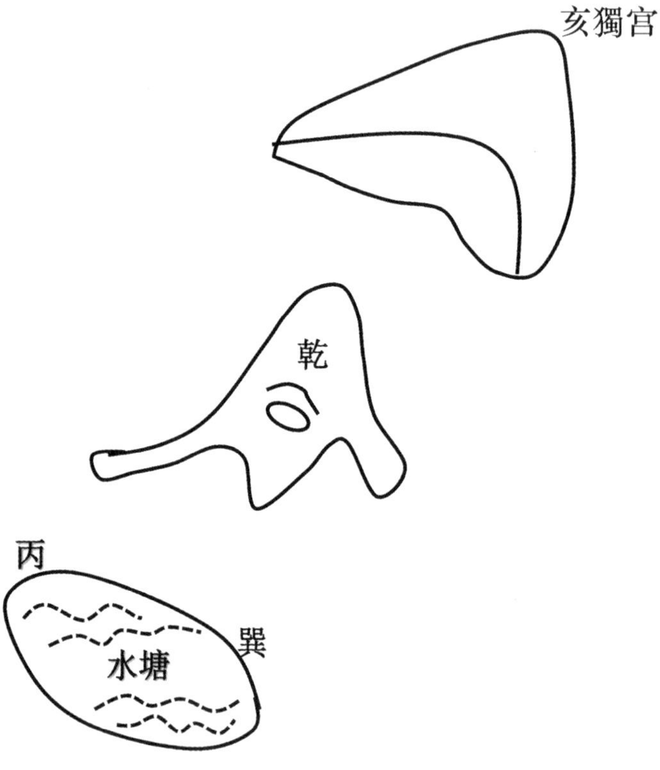

風水名家探秘

當代風水名家陳某所點的名穴，地名將軍山，此人出道以來只看過十多次風水，從不輕易出手，所點的穴位和調的陽宅，其後都大富大貴，與近代名家蔣大鴻先生相似，身懷秘術，不輕易出手，雖秘術不輕易示人，但我們可以從他所點的穴和調的陽宅入首可輕易得知，主要是哪一門的術法。此穴甲方來龍入首，立丑山未向用辛丑辛未分金。

由此可看出甲龍入首立丑山未向正合本門楊公鎮山訣，三八相配，再看此局正合五里神水法小神辛入中神庚，入大神坤此為大富水局，合訣丁坤終是萬斯箱。丑山未向兼坤收坤方零堂氣。由此可看出所用的正是本門的訣法，可能是同出一門，只是另一個支派。

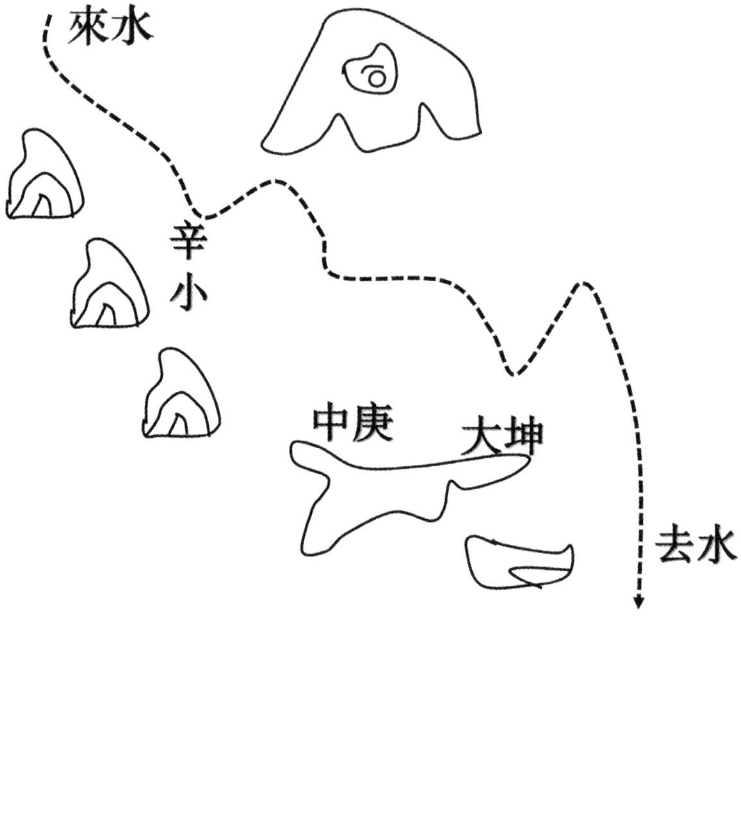
來水
辛
小
中庚
大坤
去水

穴一，地名狗山，壬龍入首立戌山辰向兼乾巽用庚戌，庚辰分金，此地壬龍立戌山合洛書一六相配合訣，辰為正神死氣，撥入巽方收巽位零堂生氣，成十大吉局，到現在子孫已經幾個村莊，人數眾多。

穴二，狗山頂，壬龍立子山午向用替，兼癸丁用庚子，庚午分金，壬龍起替向一六相成速發富，坐剋出為退人丁，撥入癸丁位收零堂氣上穴，此穴應速發富但不能長久，後絕，此穴原為明代建造，現廢了幾十年，但還能見到原規模，定為富貴大家之墳，所以當地老人講此墳興旺了兩代後敗退，此為用替求速富的結果。

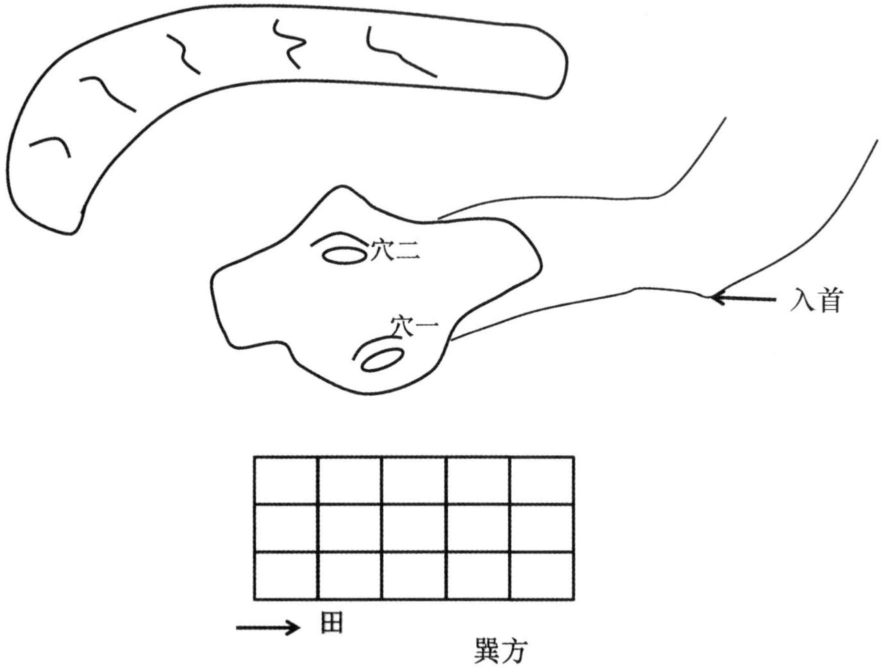
穴二
穴一
入首
田
巽方

點穴器

此點穴器圖樣與原樣規格一樣，用一般的鐵片做成上述的圈樣，再合成厚度為1厘米即可，中間放一個高靈敏直徑三厘米羅庚用的指南針。用雙手持着此器約與胸相平指南針向自己。此時可見到針很生動如側穴時走動一地指針穩定不什動此地穴場強為吉穴。用此器應注意兩樣（一）指南針的靈敏度如不夠靈敏到處是差不多，難測出穴場。（二）應預先確定穴場的大約位置，並非拿着點穴器滿地跑。

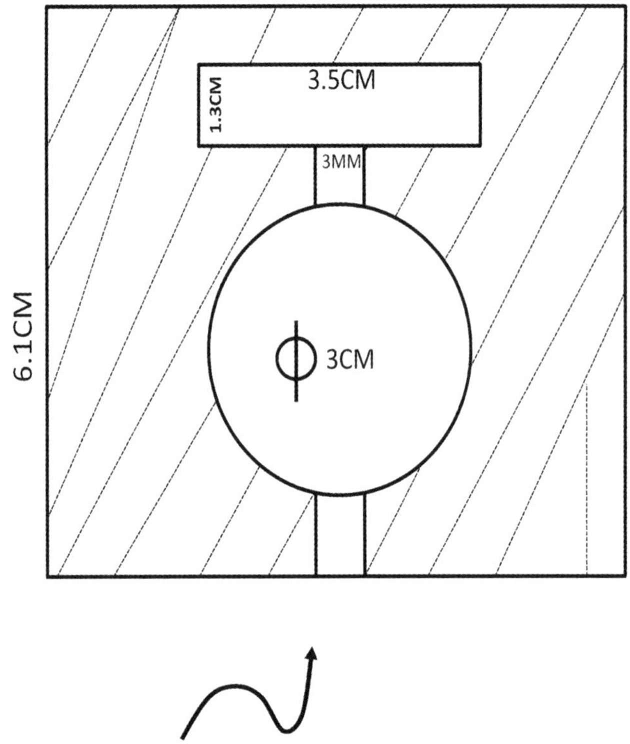

1	6	8
9	2	4
5	7	3

陽　巨　順

蛋引法

主要是用於驗證所點的穴位是否帶生氣，當據來龍入首，追尋氣線確定穴位的位置，再在穴位的數步左右的範圍內，用鑽鑽數個1米左右深的小洞，用膠袋裝雞蛋，用繩子把緊袋口放到鑽好的小洞內，封上洞口，明天卯時左右取出雞蛋放在手心上，感到有暖氣不寒為有生氣，感到寒冷為殺氣，此穴不可用，如放下的幾個雞蛋都是寒冷此地不結穴，如數個蛋有一個有點暖氣，此為穴中點，如放下時數個雞蛋全是暖的，此穴是大福穴。此法在冬至後使用最佳，夏至後使用效果較差。

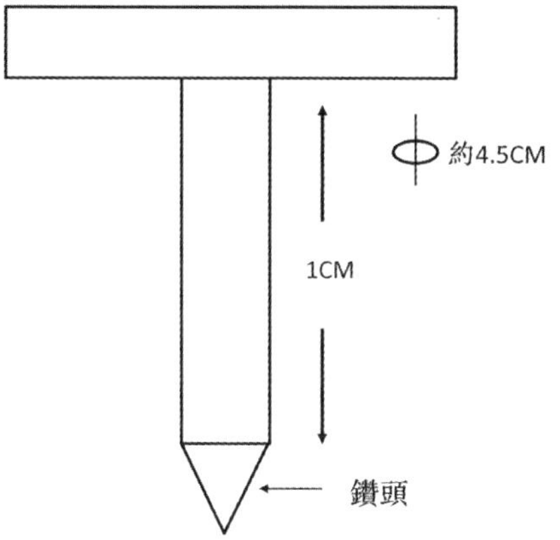

透地導氣法

乾、子、寅、乙、辰、丙、屬金，艮、丑、卯、巳、丁、庚屬水，坤、申、戌、壬、午屬木，巽、未、酉、亥、癸、甲屬火。此法是配合蛋引法用的，如下數蛋有一個蛋是暖的其它是冷可不用此法，如全是暖的可配合此法最佳，主要是從穴後八尺的地方，看氣線是從那份子龍來的，例乾龍入首，立子山午向，再從穴後八尺處看導何氣入穴，相生，比和為吉，相剋為凶，子屬金如得甲子氣入穴為比和吉，丙子氣入穴為相生吉，戊子氣入穴為相生剋凶，庚子氣入穴為相生吉，壬子氣入穴為相剋凶，如穴暖入穴氣相生為純清吉，吉穴暖入穴相剋吉帶凶雜氣，如穴寒入穴氣相剋有泥水浸棺。

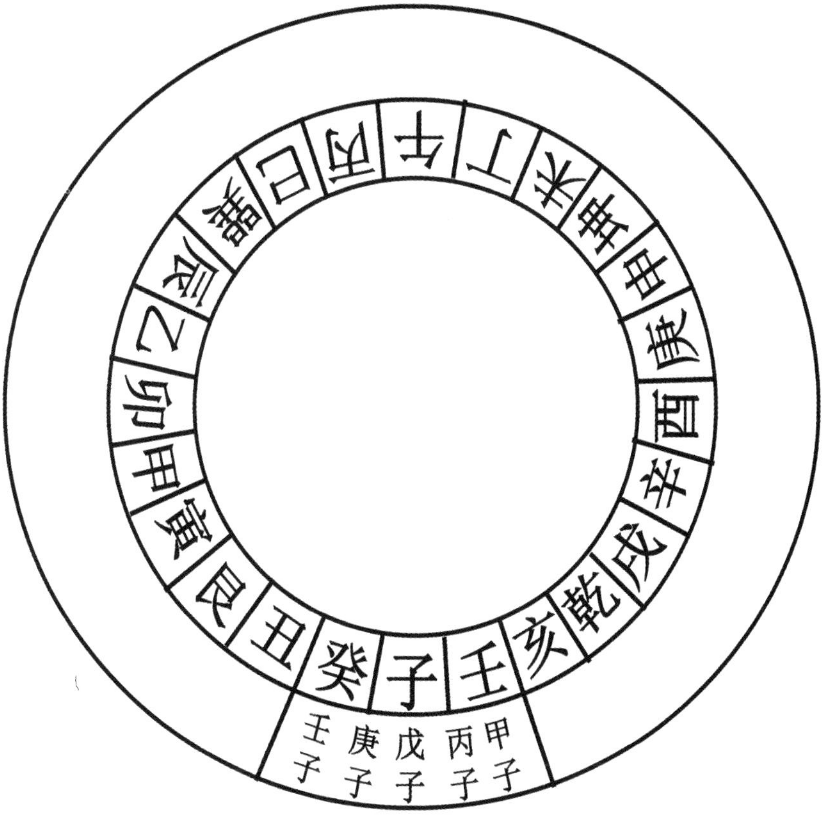
子
癸
丑
艮
寅
甲
卯
乙
辰
巽
巳
丙
午
丁
未
坤
申
庚
酉
辛
戌
乾
亥
壬
壬子
庚子
戊子
丙子
甲子

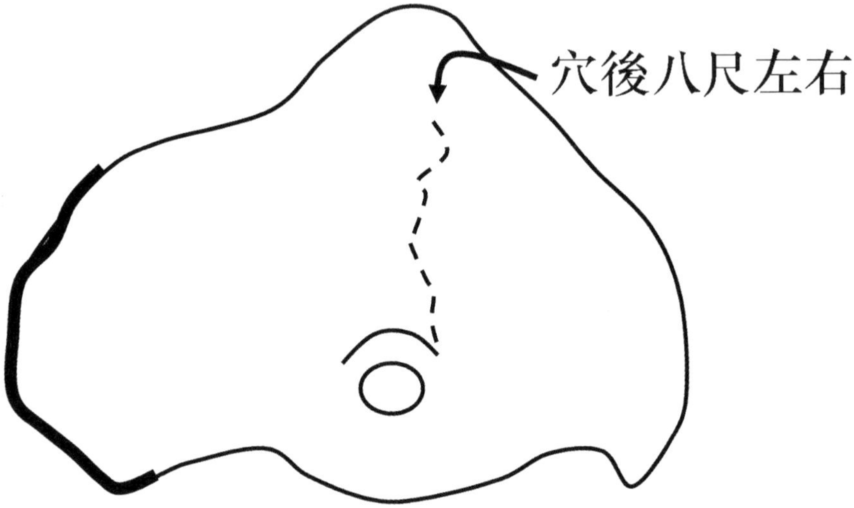
穴後八尺左右

咒，吾請楊公祖師來尋龍，尋得真龍，求福穴，穴成天然金地眼，八方福龍齊集到，
再請金雞來引魁，引歸ＸＸＸ靈歸福穴，奉玉帝律令。

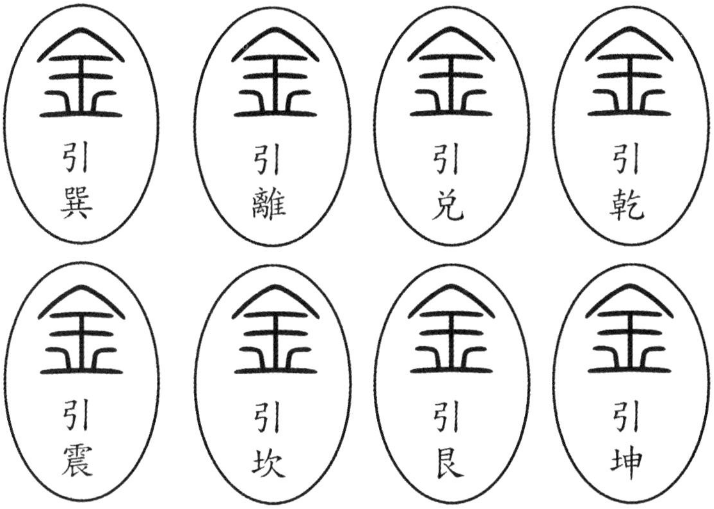

總結：

本門風水重暖為生氣，寒為殺氣，在同一地上暖為生寒為絕，羅庚二十四字，十二地支論砂，八干四維論水。龍（入首）↓坐向↓元運↓三陽水↓六秀砂↓穴（蛋引法）分金。為天玉經的一套風水理論缺一不可，其他風水口訣可配合使用。

《玄妙篇》

常言道，人無千月好，花無百日紅，但縱觀當今之風水。三年一小變，十年一大變。吉凶錯乘，此為地運也。然也有數百年到千年不衰敗之風水，還有由敗到絕之風水。更有傷殘之風水並有得失各半的風水，何耶？其理無不與加、減、乘、除四法有關。

風水之承傳，不論陽宅與陰宅，想要百年到千年不敗，必得風水乘法之妙。此等秘訣，以往只在仙家中秘傳，千年來從未漏過半字，現今風水俗師，未得其妙，便偽造有三元不敗之說，自欺欺人。風水之乘法，陽宅、陰宅各有四種，合其局便百年不衰。

陽宅︰

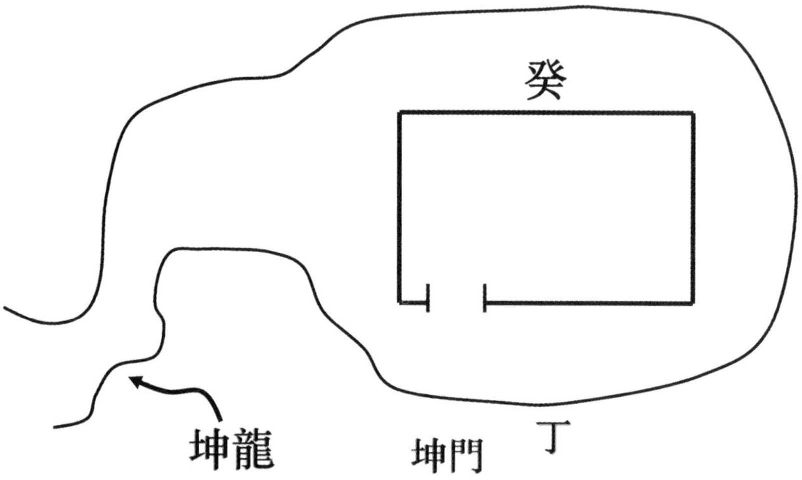

（一）來龍之氣與玄關大門同為一氣，兩氣相乘。來龍來水，同在玄關上來朝，二氣相乘。

（二）來水帶三折以上與玄關大門同為一氣，兩氣相乘。

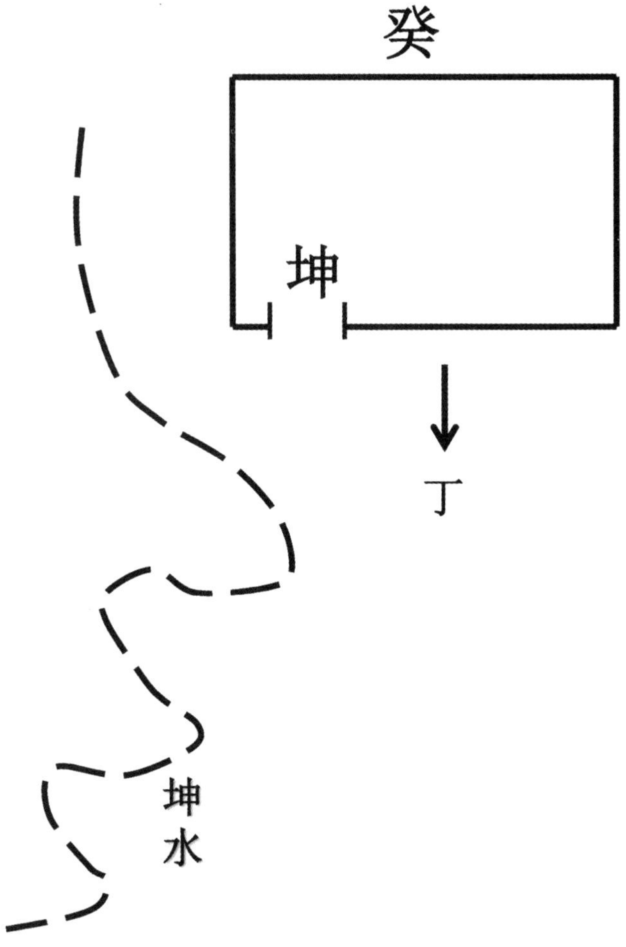

例二：

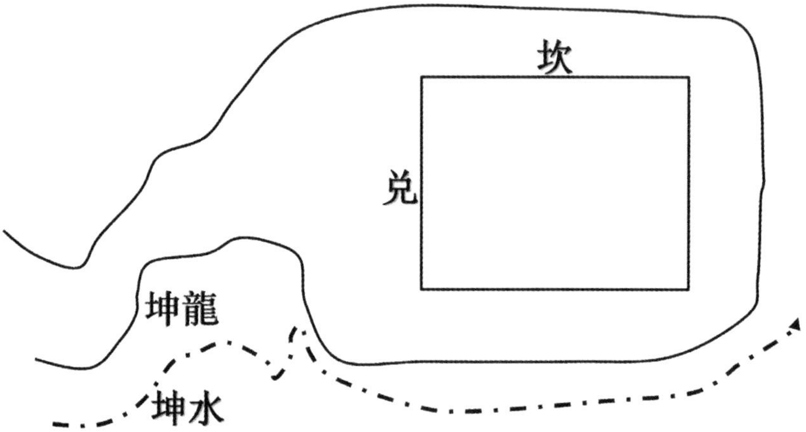

（三）來龍與來水同一氣來，龍配坐。水配玄關，二氣相乘。

注：坤龍配坐坎，坤水到坤或兌上。

（四）坐方來水帶折朝來玄關門上，二氣相乘。

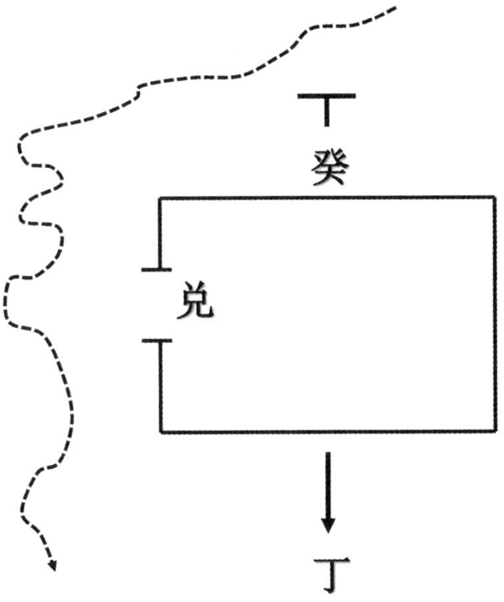

陰宅：

（一）來龍來水同方來，水朝玄關，二氣相乘。

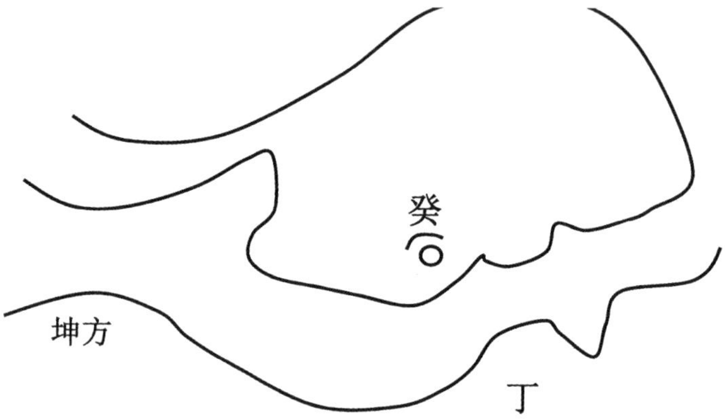

(二) 坐方來水，水朝玄關，二氣相乘。

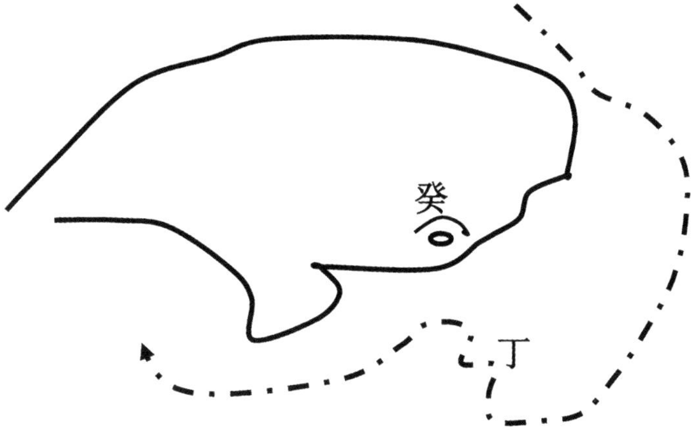

（三）水朝玄關，從來龍方流水，二氣相乘。

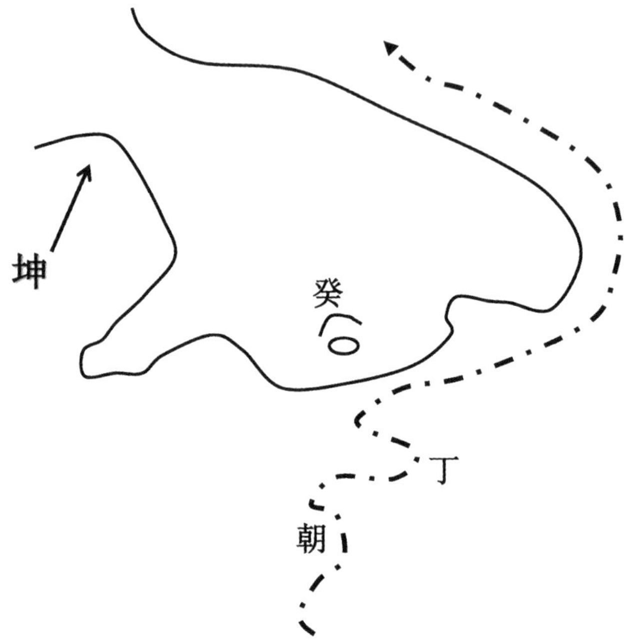

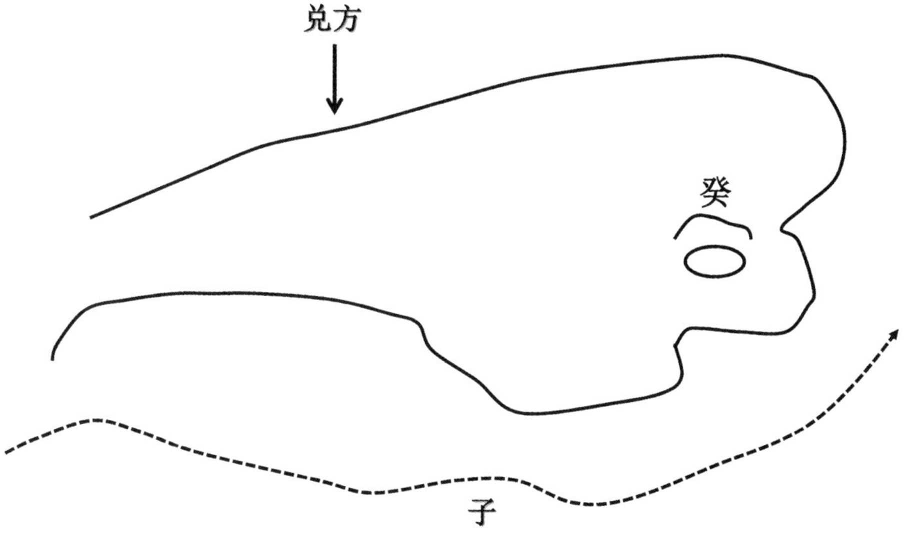

（四）來龍來水，同在玄關上來朝，二氣相乘。

除法：是風水最凶的神殺，陰陽宅同論，此格局犯之非死即傷，別名叫穿心殺，主要是以子、午、卯、酉四正方位來論，餘二十山不論，也不論坐向，子、午為一局，卯、酉為一局，子與卯或酉以半局來論，餘仿此。以一煞一沖來論，如午方帶煞，子方有路或水直沖，沖起煞，為穿心殺，卯酉也如此，子帶煞卯或酉從側方來沖為半局，凶力減半。總之：煞與殺成180°對沖為一局禍重，煞與殺成90°垂沖為半局禍輕。

例一：陽宅，子方有路沖午方有煞。主先禍後絕丁。

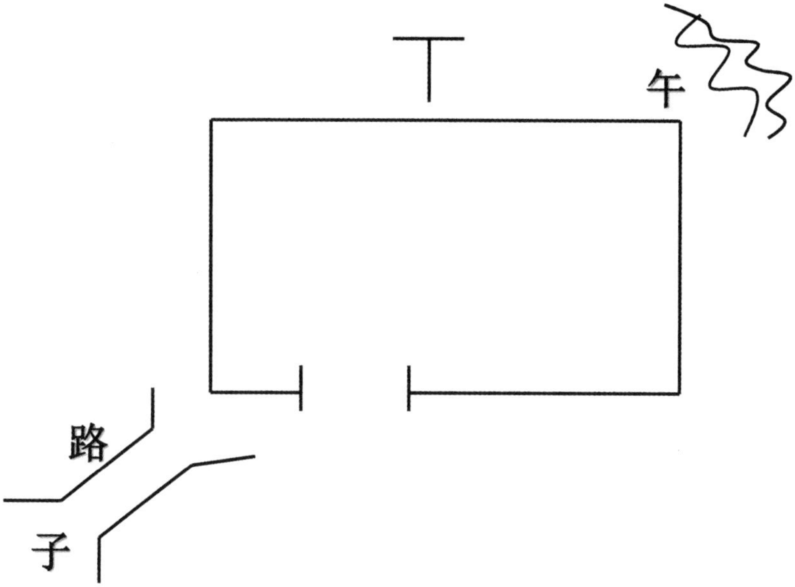

例二：陽宅，子路沖宅，卯方有煞，此為半局，主災禍傷殘，但半局不一定絕丁。

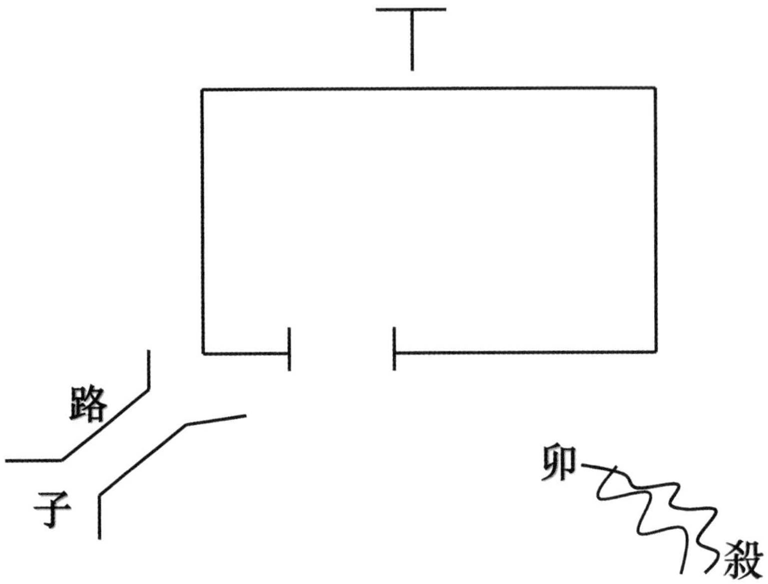

加法之應用：原吉位再得吉星並臨，此為加法，主喜事重重。在原風水的格局上先觀三陽水方位與六秀方位，先抓出顯秀的方位，即最吉的方位，如六秀位有一位最清秀，此為顯秀位，或三陽水，如水聚中神位，中神位即為顯秀位，有的風水格局中有一個到數個顯秀位，越多越吉，在風水格局中，顯秀的方位是固定的方位，此為一吉也，再得流年吉星並臨，此為加法，如子方顯秀，流年子年為加，如三陽水丙方顯秀，流年丙年為加。

例：陽宅，子山午向，先定顯秀位，六秀得丑位，三陽得大神巽水，二位，顯秀，流年到丑年與丑位秀砂並臨，主進產業與添人口，流年辛年與巽水並臨，主大發錢財。

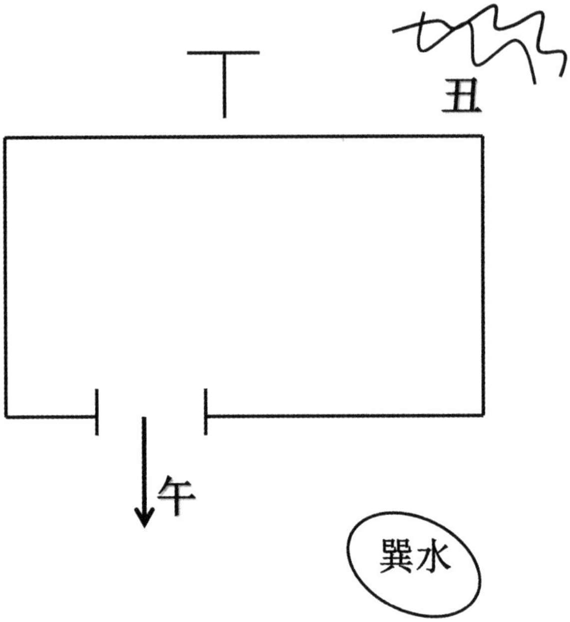

減法：與加法一樣，先在格局中抓出破沖缺凶方位，此稱為空亡位，確定空亡位，流年沖犯此方位與並臨方位為減法，如子方空亡，流年午年與子年犯凶災，如六秀有一秀破缺此為空亡位，或六秀有一秀帶破此也空亡位，又如三陽位有路沖或水直沖與直去流出，此為空亡位，流年遇沖或並臨犯凶災。

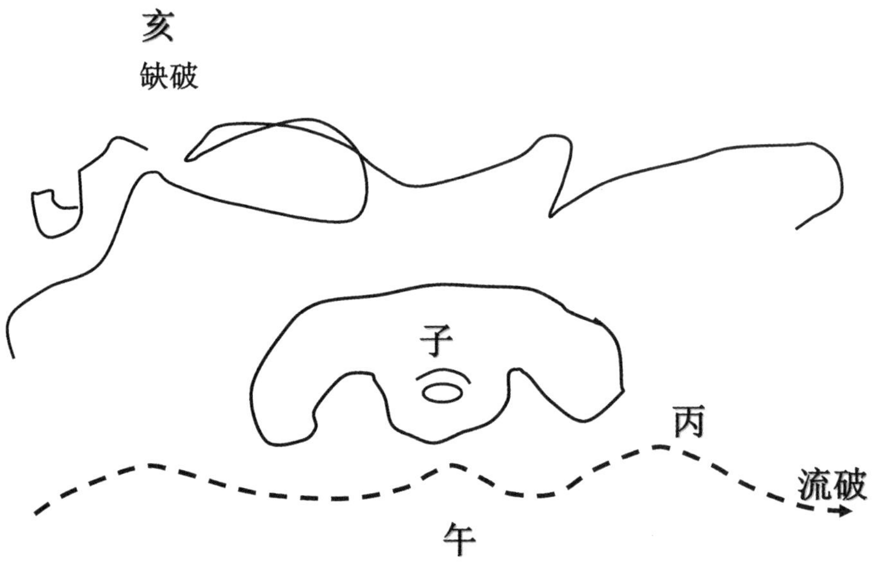

例：陰宅，子山午向先定出亥方破缺空亡與丙方流破，空亡，流年巳或亥年，犯凶殺損人口，也主暗疾，流年到丙年損二房或破財。

以上詳舉例講明加、減、乘、除法的具體應用方法，乘法與除法，一般是獨立運用，也很少遇上。加法與減法是平時觀風水運用得最多的，兩者配合運用，當有一定經驗時，斷風水變得很簡單，只要加加減減，即知其禍福。

天星到山擇日法

一般擇日法，先選年再配日與時，但實際上很多地方陰宅建造是人死後七日下葬，除了遷葬與火葬的建陰宅能用一般擇日法合用，如在數日之內擇一日來用，一般的擇日法就不合用，現介紹本門的常用擇日法，（一）先看坐山在何宮，如乾山在六白宮，子山在一白宮等。（二）分兩至：後用陽順，夏至後用陰逆佈飛星。（三）查萬年曆看用事日何紫白入中。

例如：乾山巽向，冬至後三碧日用事，以三入中順佈飛星看六白飛到何宮，六白飛到太陰宮此日下葬得太陰到山照臨主富利女。又例子山午向冬至後，九紫日用事，一白飛到羅星宮，羅星到山主凶主傷刑凶，此日不能下葬，餘山仿此。

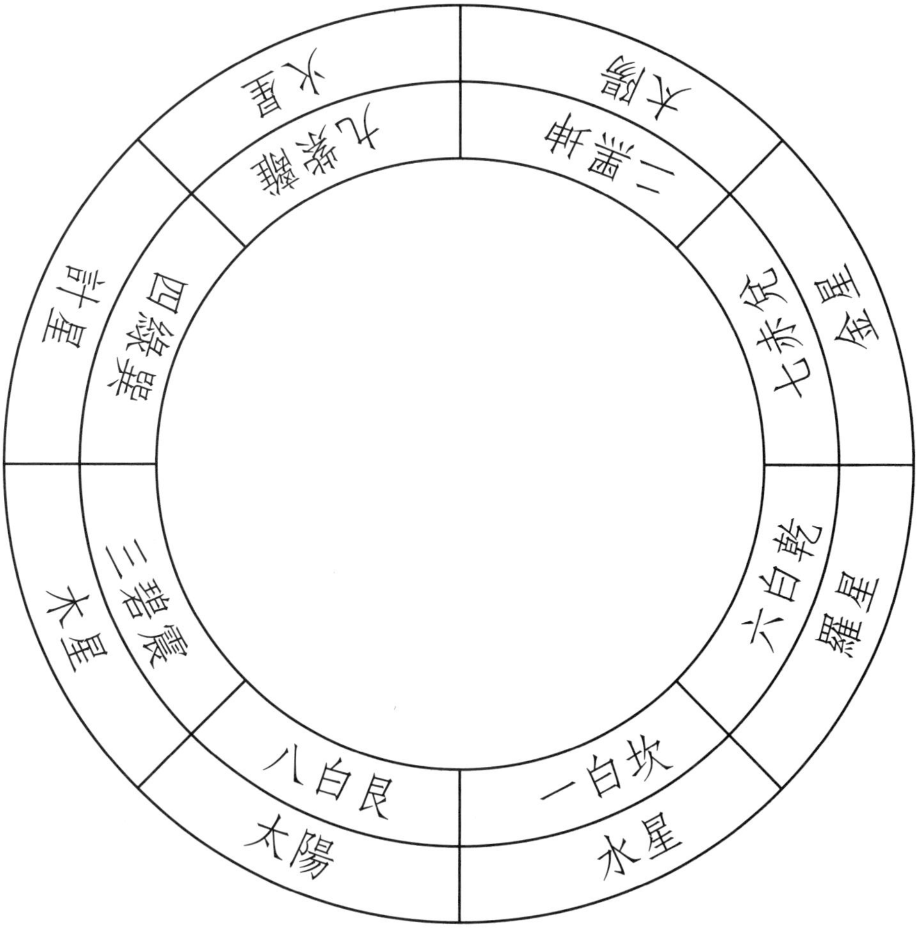
一白坎
水星
八白艮
太陽
三碧震
木星
四綠巽
計星
九紫離
火星
二黑坤
太陰
七赤兌
金星
六白乾
羅星

太陽到山主貴利男　太陰到山主富利女
木星到山清貴利長子　金星到山主富利次子
羅星到山主凶傷刑禍　計星到山主凶病害多
水星到山主凶盜賊傷　火星到山主凶口舌孤寡

玄命風水無意中得殊榮

廣東　廖民生

自去年十一月份《稚慧園》刊登我在張家界風水擂台賽得「金牌」殊榮後，很多易友與玄命風水學員來函查询有關擂台賽的有關事宜，實際是去年我應幾位弟子與李蕭宏先生邀請到張家界作易學交流擂台之事，事後才知道有擂台賽之事。李小龍去年李某的風水班不成功後，想設風水擂台尋求風水高手，兩個月來先後有一批國內風水師去張家界參加擂台賽，但絕大多數是碰壁而回。我到張家界的第一天作了易學交流，第二天李小龍先生拿了六個風水圖叫我看風水如何，我就用本門的玄命風水術幾分鐘內就解答完，之後李小龍先生拿出正確的答案對照，認為這六個題目有四個全對。兩個答對50%，總體來論準確率達80%左右，在很多因素尚未標明的情況下做答案，當然也不可能全中，如有也可稱仙人了。現在我把這六題風水提供給廣大易友研究，開悟，也可檢測自己的水平如何。

題一：問陰宅九七年下葬酉山卯向，此墳吉凶如何，應驗在何時？

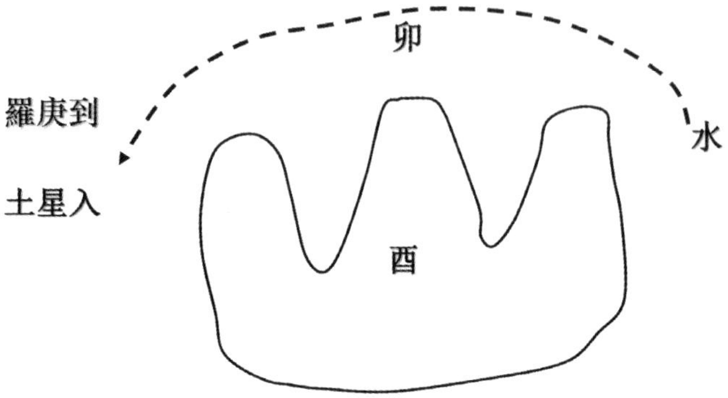

答：右水倒左合三陽水法，斷此墳是吉的。合三八局，主發財與武貴，應期為九九年，卯年有升職進財之喜，因立卯向，分金佔三分死氣斷九七年應有病災。

注：此題答對，因水從右到左合三陽水，乙、甲、艮斷為吉局，吉局從向上起運，卯是起運年，所以應卯年發貴。凶局從坐山起運，假若此局是凶的，從酉年開始走敗運，如是半吉半凶局，卯年到申年為吉運，酉到寅年為凶災運，此條斷風水秘訣是我家祖傳斷風水心得，現將其公開。

題二：問陰宅，坤山艮向七運下葬，有何應驗。

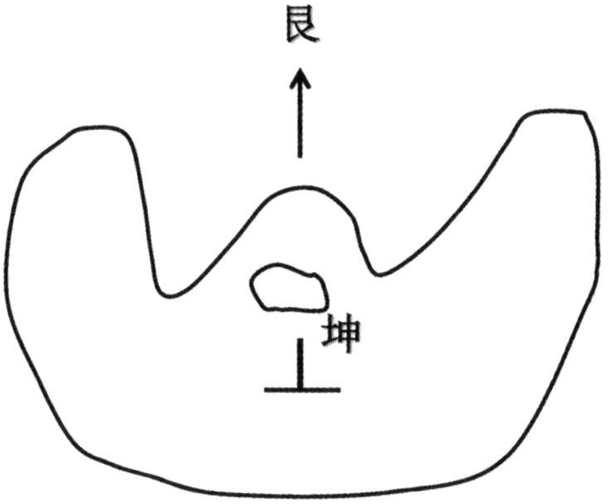

答：艮向合三八局會出武貴，艮卦本屬八運氣，在下元立此向，會出武貴居多（注此題答對）

題三：問陰宅來脈分明，結穴處八字線，立巽山乾向，此穴如何？

答：脈線露眼分明定有暖氣，再在結穴處分八字即陰陽二氣相交成太極紋，定為大吉穴，乾向得一六局水，主發官貴（注此題答對）

題四：問此宅如何？

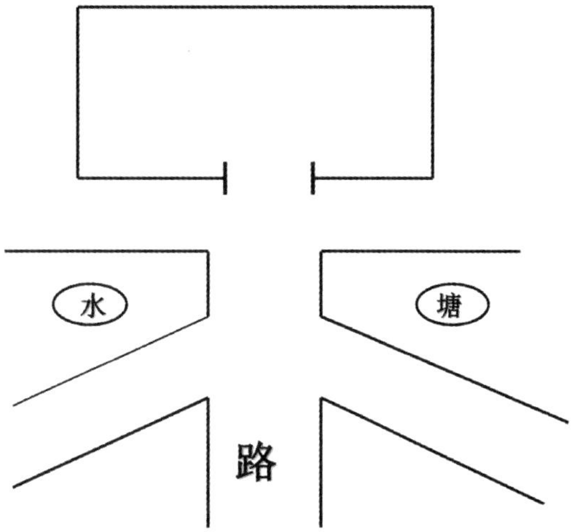

答：此宅丁字路直沖大門主大凶，再加門前有兩口水塘也主凶，斷此宅人口非死即殘。

注：此題答對，實此宅有二人死於非命。當然一般有路直沖也未必都是大凶的，也有發財的，當路是從玄關方位直沖來的即能發財，但同時也會有其它是非，如要放兩個石獅子擋殺，可減殺助財，其他方位有路沖即為凶。

題五：問此宅坐子山午向，後在東南方加建一房，此宅如何？

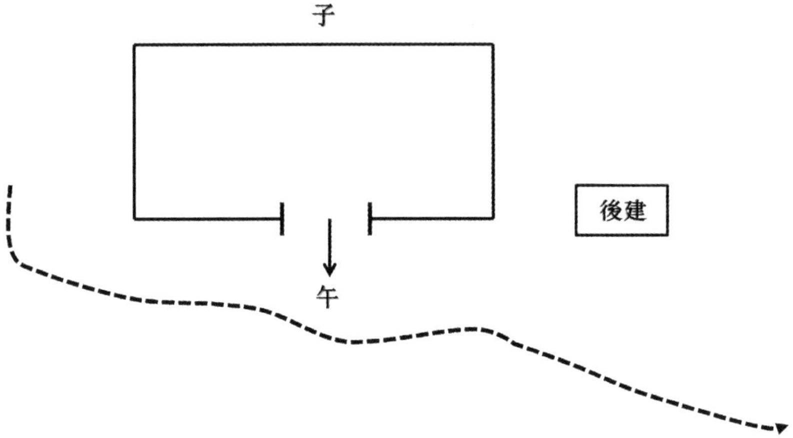

答：此宅午向右水倒左合三陽本局，四九局主發文貴，工作辛苦，發文職。

注：此宅主是鄉鎮幹部，文職。自從在東南方建房後，其妻病亡，斷對一半，這是本人粗心大意而斷漏部分內容。

題六：問此宅如何？

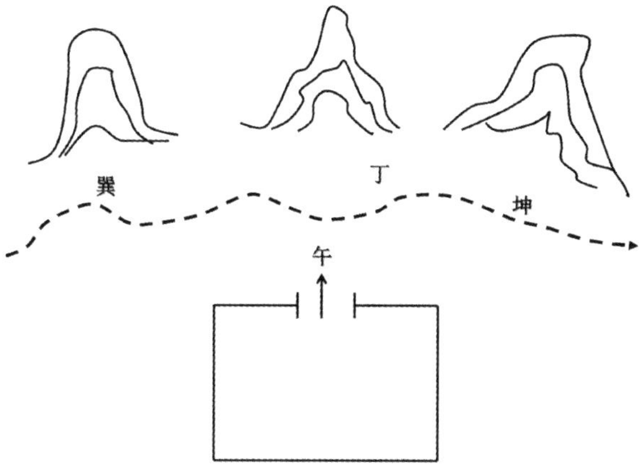

答案：此宅子山午向左水倒右，三陽水流反，應為退敗局，有時雖能發一點也是虛花一現，坤、丁砂主利女不利男，男體弱多病，易犯桃花與短壽。

注：此宅主有一子現讀博士，其它方面答案正確，主要是男的體弱多病，此題答對一點，其它方面答漏大部分，算是答錯。後來我將此圖給很多風水師看過他們認為我並沒答錯，但實際上很多事是以後才知應該按錯論。

以上六題，我主要是根據玄命風水的三陽水法與六秀砂來論斷。回家後，有多位易友前來台山拜訪，求學玄命風水，我傳授完理論後，在實習中，我都出了這幾個例題來考驗他們，絕大多數都能答對，由此可見「玄命風水」斷事簡、快、準。本人願與廣大易學高手互相交流，共同提高。有緣者請來函聯系。

三陽水

三陽水，又稱五里神水法，訣曰：三元水口盡源流富貴永無休。三陽水分四大局：一六局，二七局，三八局，四九局，三陽即大神、中神、小神，三神稱三陽。

一六局，小神癸，中神壬，大神乾，主發文貴。

二七局，小神辛，中神庚，大神坤，主發財富。

三八局，小神乙，中神甲，大神艮，主發富局。

四九局，小神丁，中神丙，大神巽，主發清富貴。

三陽水主財富，也可說是風水核心，猶如人的心臟，主使人的全身，風水也是如此，三陽水主管財富，是人的養身之源，是風水裡絕不可缺少的一部分，如果此一缺其它方面再有多利也是無用。三陽水是從向上論，如立子山午向，屬四九局範圍。得水從丁流入丙再流入巽方，此為小神流入中神，中神流入大神位，主發清富貴。

例如今年十一月我到韶關地區旅游，走到一條街上身邊的張某問此街生意如何，我查了一下方向就講西邊商鋪較旺。他說正是，是西邊的比東邊的旺。看下圖街的一邊坐東向西，另一邊坐西向東，東路是南高北低，西邊的商鋪是向三八局三陽水乙、甲、艮，街道的水從乙流入甲再流入艮位，合三陽水法。東邊的商鋪是向二七局，三陽水辛、庚、坤，水從坤流庚流辛，三陽水反流，主退。

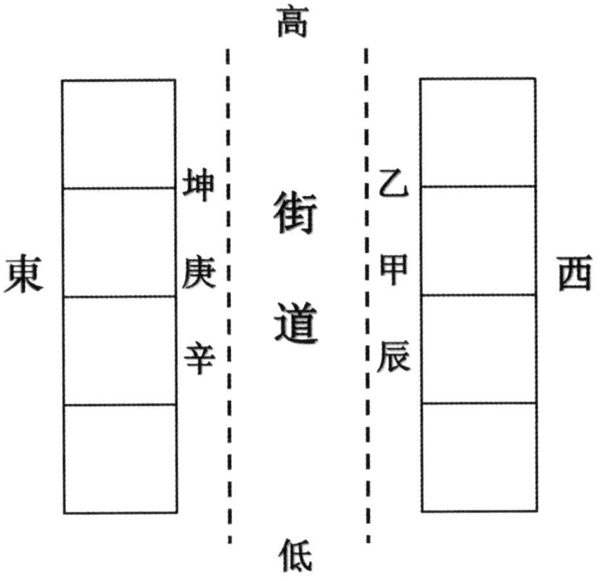

又如李某到我家做客，拿了一個例子請我看，是他與外地易友交流時，外地易友想考他的水平，就簡單畫了這個草圖，李某即斷住此房的人肯定很有錢應是個老板，外地的易友也服了他的水平，李某說用「玄命風水」來斷就很簡單，卯山酉向為二七局，水正好從小神辛流中神庚流入大神坤，因為二七局主發財富局。

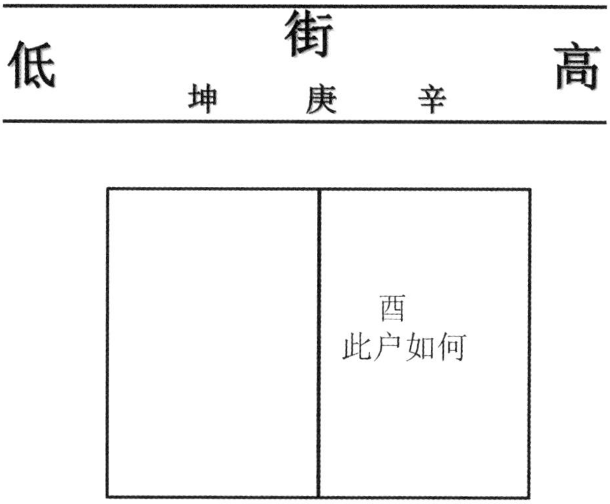

又例：一位風水朋友來我家做客，畫了一個圖叫我判斷風水如何，他邊畫邊講，此房是他姐的房，住進後經濟一年不如一年。他畫了一半還沒畫好，是子山午向，前面是一條大馬路，我就說不用畫了，前面的路東邊應比西邊高，他連說對。

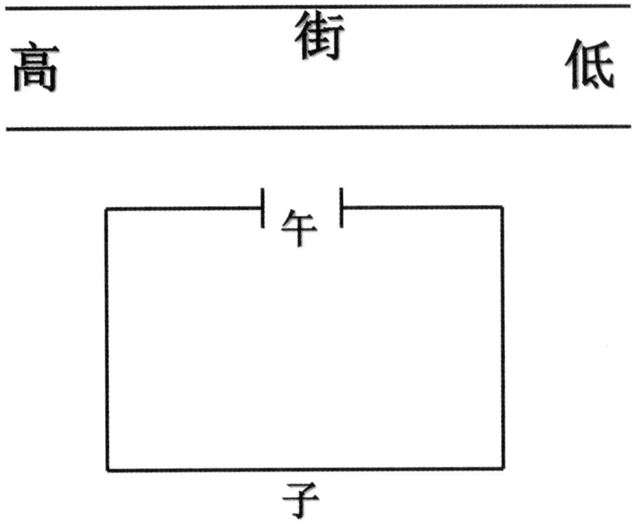

此房子子山午向為四九局，水應從丁流入丙再流入巽，但此屋位後有衰退，我就斷巽方高丁方低，三陽水反流，主衰退。三陽水訣主要是管財富，如你家的財運差，看看住宅或陰宅是否屬三陽水流反，定有答案。

六秀砂

本門楊公鎮山訣中的陰陽對比卦，以坐山的十二支為陰卦，坐山的天干四維為閒神不管事，不用，餘下的六個地支為六秀，主管禍福，秀為福，缺破為災禍，此為先天定局，如六秀全無缺破，禍不浸，帶缺破到三合對沖年為禍並臨，再以入口訣配合無形的氣感凶到，先天帶凶，後天並臨禍至。

例：張某帶來一張陽宅圖給我看，是他評的風水圖，他評因子山午向屬四九局前有水塘在三陽水的方位上，因四九局主清富貴，我看了一眼此圖，見到坐山寅位開了一小門，坐山的六秀缺了一位，我斷此家應有車禍或傷足的事發生，張某突然想起此家人的家母前十多年鋸斷了雙腳，我叫他在寅午戌申四年中配合入口訣，他很快就斷出禍病發生年份。

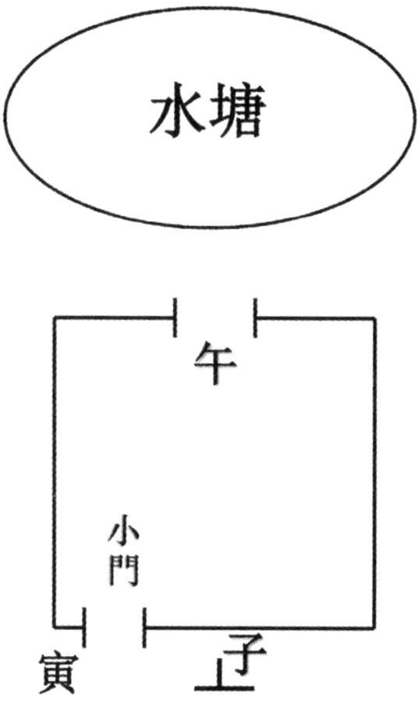

例二：陽宅坐丁向癸，在申的方位上修建了一個廁所，我叫李某評此宅風水，他很快就斷出他家中最小的有車禍少亡的現象，事實此戶人發生特大車禍，少男死亡，母重傷。

由上三陽水局與六秀砂，可看出斷財富看三陽，斷禍福看六秀，此為楊公鎮山訣的精要。

下面我編一個小小風水的故事來幫助風水愛好者開悟與衡量自己所學的風水學已到那個地步：

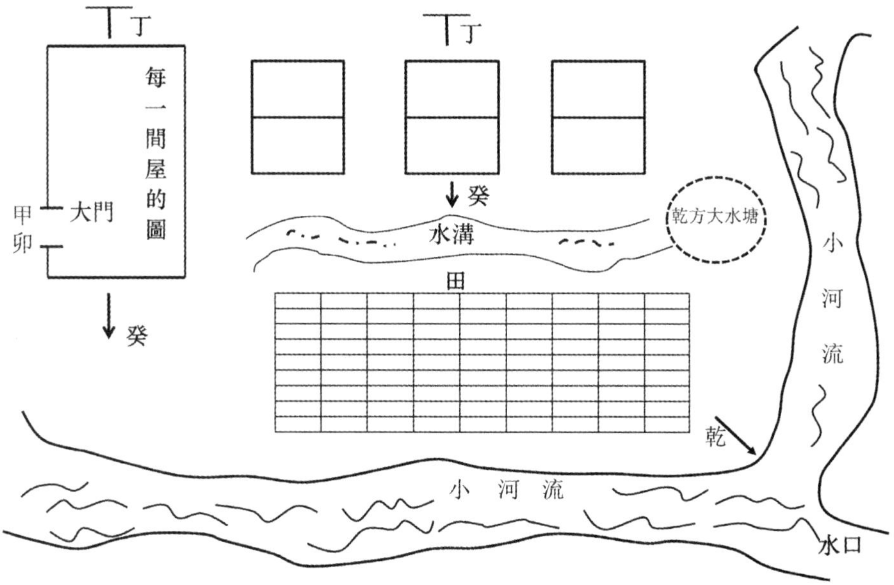

有以下一個村子，此村在當地屬於較富裕並出文貴，人丁旺壽高。有很多風水師到哪裡也想看看村子風水是哪方面好。

一次有一位三合派風水師走過，見村是丁山癸向，右水倒左，水口乾方。斷丁山癸向右水倒出乾方系正養向，名為貴人祿馬上御街合進神救貧水法，丁財大旺，功名顯達，發福遠，忠孝賢良，男女壽高房房皆發，並發女秀，風水師這一一斷，村裡的人連說對一點沒錯。

又有一次來了一位八宅派風水師，看到房屋坐丁向癸大門開甲卯方，我斷離宅出入震門產子賢能，這樣一斷，村裡人也說準。

又一次續來了一位大玄空風水大師，看了一下村的牌樓得知村是上元建造，上元坎得旺風吹，乾方得水照，斷一白上元風為旺，得其吹，家道昌，丁財盛，顯貴，六白上元水旺得其聚，丁多豪富。村裡人也說對對。

後來又來了一位楊公派的風水師，他見到癸向屬一六局，癸水流入壬再聚在乾位，正好小神入中神，中神入大神，一六局發文貴，斷村中出文貴，與利長房，一代比一代強，也斷對。

以上一個村莊，為什麼幾位不同門派的風水師，用他的理論都斷對，師曰，位位生來，喜事頻至，位位剋入，即見禍至，也是這個道理。何謂位位生來？此村外局先合三合訣，得一百八十年利，再合大玄空決，得九十年利，又合鎮山訣得財祿歸，屋內合八宅訣，如建造時再配合小玄空訣（入口訣），此為風水的一脈相傳的正楊公風水用法，每一種風水訣有他的作用，層層配合，此才成一吉格，如層層不合訣為位位剋來，立見凶亡，如有合有不合為吉中藏凶。

楊公傳一脈風水訣用法如下：

三合訣　↓　一百八十年管外局陰宅配撥砂訣。

大玄空 → 九十年內局。

正三元 → 六十年內局接氣用。

鎮山訣 → 歸納財祿禍福（核心訣）。

小玄空 → 二十年內局斷流年月與擇日用。

八宅訣 → 陽宅屋內用。　大玄空

明代蔣氏用法：　些子訣　配合

師曰：學看風水不難，學做風水難上加難。

【玄命精匯表】

二十四山	陰陽	正神	零神	玄關點	伏位	小陰陽
壬	陽	去	坤	坤庚	子	二七
子	陰	進	坎	坤庚	兄	一六
癸	陰	進	坎	坤辛	財	二七
丑	陰	進	震	乾乙	父	三八
艮	陽	去	離	乾卯	子	四九
寅	陽	去	離	乾甲	兄	二七
甲	陽	去	巽	艮丙	兄	三八
卯	陰	進	艮	艮丁	財	四九
乙	陰	進	艮	艮丁	父	二七
辰	陰	進	兌	坤庚	父	三八
巽	陽	去	中	坤辛	父	四九
巳	陽	去	中	坤辛	子	二七
丙	陽	去	離	乾甲	官	三八
午	陰	進	坤	乾甲	兄	四九
丁	陰	進	坤	乾乙	父	三八
未	陰	進	離	巽癸	父	二七
坤	陽	去	震	巽子	子	四九
申	陽	去	震	巽壬	父	三八
庚	陽	去	艮	巽壬	財	二七
酉	陰	進	巽	巽癸	父	四九
辛	陰	進	巽	巽	官	三八
戌	陰	進	中	艮丁	兄	二七
乾	陽	去	兌	艮丙	父	四九
亥	陽	去	兌	艮丁	兄	三八

伏位部：子孫吉、後代昌、財源好、不利官。凶父母不壽。
兄弟吉：人口眾、人強利官。凶時貧窮、口舌是非多。
妻財吉：財富多、老婆多。凶時子息小、體弱多病。
父母吉：文昌地、利文利官。凶時辛勞地。
官鬼：醉山、吉少凶多。凶時多災害、疾病等鬼怪事。

第一層：後天八卦

第二層：地盤二十四山

第三層：楊公七十二局

分針

注：每個坐山周天十五度，分每山三針，即正針五度，右兼五度，左兼五度，每山有三針。

第二章　風水雜驗論

第一節　八卦斷

乾反傷頭　坤反腹疾　震反足傷　巽反傷股

坎反傷耳　離反傷目　兌反傷嘴唇　艮反傷手指

乾離反傷父　坤坎反傷母　震艮反傷長

坎兌反傷中房　艮乾反傷少　巽坤反傷長女

離震反傷中女　兌巽反傷少女

二十四山斷（此為上元、下元如此相反）

乾卦

戌大丙滿，後在戌峰，馬犬死亡。金銀不豐，頭面與腹，左邊先疼。

午乾閉塞損父，頭痛骨寒，肺疾咳喘，頭面疤痕，腸泄呻吟，目疾火災，子嗣不來。

丁高亥亢，猪馬病亡，肖猪女死，足生瘡流，左邊頭腦，疼痛非常，大小便秘。

坎卦

庚滿壬缺，火病中干，中男早亡，膀膚之恙，猪雞難養，招盜是男。

酉滿子空，中男耳聾，血虛腎虧，肚背多疼，盜賊逞凶，好淫貪色。

辛山癸水，淫賊是女，二房女死，經水不行，陰戶瘡瘤，腳常腫痛，兩目昏花。

艮卦

戌丑高亢，年生皮黃，少男少婦，黃腫膨脹，牛畜不利，左手病殃，腹腰疼痛，中下位傷。

乾艮高山，少男黃腫，自縊手疾，頭腰疼應，鼻塞爛，駝背難行，氣血盡虛，災禍重重。

寅亥不空，脾病因生，長男有子早終，手掌六指，胸脘脹痛，爪甲不全。

震卦

丑山甲水，火病目盲，長男之子，早年而亡，肝膽有病。

艮高卯低，雙目長眉，肝膽氣病，喜食酸食，男子夭壽，24亡，大腸紅墜，左肋不常，鼻齒疼甚。

寅滿乙水，咽疼喉熱，長男之女，肝病，右眼殘疾，官非不息，妻宮重重，忤逆招贅。

巽卦

未辰空缺，皮膚風痒，長女之子投河，疥瘡，腸腰氣疼，六指殘傷。肩背與眼，三處病連，眉毛不順。

坤巽水空，婆媳氣疼，咳嗽痰疾，股肱麻木，長女少發，必主乳痛，頭搖手擺，口涎湧湧。

申巳空，齒落唇缺，長女之面，麻窩多病，小腸氣結，肺疾。

離卦

卯開午閉，中女受害，月帶常亂，是因發生雙目火病，父亦不利，心臟患病，火災難免。

乙空丁實，應在中女，心胸常疼，右眼火疾，服藥難治，皆因心火。

甲字空，丙字滿，中女之男，左目害眼，肩生熱泡，腸生痢，左腹常疼，熱結發。

坤卦

壬未低空，時常氣疼，老母之女，脾胃有病，胸悶脹，口舌陰人，脘腹不舒，左手難運，稿桔皮黃，共赴黃泉。

子坤水，老母氣疼，咳嗽黃腫，正神失令，脫衣露背，昏迷之病。

癸甲空缺，膀膚之病，老母之女，頭疼而脹，筋骨冷熱，寒氣所傷，子宮下垂，脫肛氣焰。

兌卦

辰空庚滿，火病而亡，少男少女，經水失常，愛取妻妾，煙花柳巷。

巽低酉高，男淋女崩，小女手疾，偷情亡身，口舌是非，火災毀傷，空舌缺唇，骨肋肺恙。

已空辛實，少女之病，常結情人，早年爭風，不顧羞恥，惹禍傷身，目疾火災，一定不移。

紫白飛宮斷

一一坎：吉：發橫財，魚、水、酒類興家。

凶：水厄、犬蛇咬傷、泄瀉、痢症、腎與膀膚病、汗出不止。

曰：純坎九年利、驕傲中子、落水多淫蕩、傷妻子息難。

一二比：吉：水土農業利。

凶：傷中男、瘋狂聾啞、黃腫水蠱、便閉、虛勞脾腎受病。

曰：縊死水溺傷人、破財禍患緊臨身。

一三屯：吉：長利，發富催貴，科甲大利。

凶：水厄災禍、長子游蕩、肝腎受病、腹脹目眩。

曰：財興定富翁、子孫俊秀夺魁石、福自天來三子生。

一四井：吉：文章科甲、催生貴子。

凶：水厄災禍、長女不利、水腎膽受病、驚怕。

曰：子孫甚興隆、田產多進益、富貴旺人丁。

一五吉：催丁。

凶：水厄災禍、中男忤逆、損壯丁流產、怪胎、子宮癌、血癌。

一六吉：中子發橫財。

凶：父怒次子、水厄災禍、中子風聲損財、腎與大腸受病、下痢、便閉。

曰：難養小口、子孫忤逆愚頑，男鰥婦寡孤凄、傷陰疾病不利。

一七吉：生子發財。

凶：少婦仲子口角、風聲損財、肺腎受病。

一八蹇：凶：水厄、仲子不利病死、小兒痞傷、兄弟夫婦難、離異，產厄，人命、縊死、

曰：散財害人丁、官詞並賊盜。

一九凶：犯上殺妻、換主、重喪、水厄災禍、貪圖往返，官事牽連、又主心疼眼疾。

溺水、邪魔、火盜、官災。

吉：富貴雙全，人丁大旺。

二一師：吉：農產土地發家。

凶：中男黃腫死，老母瘋狂亡，墮胎，腎虛，聾啞，瘿瘤，男女調零，小口難存，

官非口舌傷人損畜。

二二坤：吉：財帛豐盈，富貴有餘，出名醫。

凶：寡婦，乏嗣，昏迷，癡呆，聾啞，胃疾。

二三復凶∶老母脾胃有傷，田宅破敗，官訟，小兒生瘩，長子忤逆，賭博貪花，破家敗產。
二四升∶吉∶升遷，中獎。
凶∶宅母災憂，脾胃有傷，田產之非，破敗官災火光，人命橫害，賊蟲東南而入，公門中破財招禍，連傷四、五口不止。
二五凶∶宅母災，田產之非，夫妻反目，聾啞、黃腫、退田、脾病。
二六泰∶吉∶父母俱慶，財旺子孝，加冠進祿。
凶∶宅母災憂，妻壓夫，田產之非，土石傷脾與大腸病。
二七臨∶吉∶進益田產，以錢銀生利，催丁。
凶∶少婦逆姑，娘家口舌，田產之非，脾肺病，咳嗽，肩肋痛。
二八謙∶吉∶富多興旺，二五之年起家業，還出書生發科甲，人賢良又發家。
凶∶少成多敗，少男忤逆，田產之非，癡呆。
二九明夷∶吉∶進益田產，考試大利，土財豐盈。
凶∶傷男，缺子損丁，中女血病，眼疾心疼，不利家長，女人內亂爭家財。
三一解∶吉∶生了發財，科甲。
凶∶災禍不測，長子游蕩蛇咬，肝胃受病。
三二豫∶凶∶禍橫官訟，長男逆母，宅母脾胃病，折傷，田產之非。

三三震：吉：長男用事，財帛利，功名利，發長。

凶：災禍，淫亂，敗少，婦女夭亡，小兒難養，出癡聾愚頑之子。

三四恆：吉：利功名，田產興，子貴孫賢，兄弟友恭，富貴雙全。

凶：長房風聲不正破敗，官符，枷杖，肝膽病。

三五凶：賭博破家，車禍，，手腳傷殘，胃出血，肝癌，官司，蛇咬。

三六凶：傷長子長孫，及老公長婦，氣塊膨心，咽喉阻塞，咳嗽，筋骨疼痛，自縊刀傷，人命凶死，火盜宮災。

三七凶：橫禍絕嗣，人口不安，自縊傷身，病凄慘，死離故鄉難免。

三八吉：農業大利，催生男丁。

三九凶：婦犯夫兄，火星血光，滚汤傷足。

凶：傷少男，兄弟不和，勞疾病發，陰人小口火焚，八年之內敗家產，多為盜賊作怪。

吉：生子發秀催科官，田產進益。

四四吉：科甲大利，才子、才女。

凶：作夫剋子難當，喘嗽麻權瘋狂，孤寡伶仃異樣，長婦逆夫，長房風聲不正。

四五凶：乳癌，犯票據法，破產，倒閉，傳染病，肝癌，蛇咬，長婦冤災，破敗淫奔，折傷，附骨疽，膽病，賭博好飲。

四六凶：傷長婦，長女，人財兩敗，癱瘓雜疾，筋骨疼痛，氣雍產亡，官詞，賊盜，口眼歪斜。

四七凶：產病血蠱，瘋狂相浸，孤陰無阻，應凶臨，家財產業蕩盡。

四八凶：小房不利，長婦墮胎身亡，火盜官非，人財兩絕，小兒難成，人口逃散。

四九吉：長房發貴，生貴子，財帛盈。

凶：火災血光，淫奔，自縊，絕嗣，膽病。

五五凶：聾啞，黃腫癡呆，橫禍，火災。

五六凶：宅主大病，季房小口凶災，胃腸病。

五七凶：多敗小成，少男重病，聾啞，，黃腫，癡呆，六畜不利。

五九凶：宅主大病，仲婦不利，受人欺凌，黃腫，火病，血光，損胎，心胃受病。

六六吉：財產興發。

凶：骨肉殘損、殺傷盜賊、傷妻妻剋子及長。

六七吉：發武貴，進財寶，催孕，重妻妾。

六八吉：金財祿生丁

凶：殺傷、精神病、肺病。

六九凶：主懼內，老翁嗽死、中女產亡、長房子孫不利、生虛勞、血光、氣喘、眼疾、心疼、主官非、火盜。

七七吉：陰人暗財產，發橫財。

凶：骨肉殘損、肺、痰火、殺傷、盜賊、口舌。

七八吉：富貴雙全、人財兩旺、催生。

凶：妻犯夫、失財破物、口唇疾、女人災禍。

七九凶：先喪幼婦，後喪男，賊盜官非子女艱，頭疼眼紅心不寐。敗產絕嗣遭人命，婦女做亂家不安。

八八吉：進益田產。

凶：少男聾啞、黃腫、癡呆、脾胃病。

八九吉：進益田產、少男大利、生貴子、增福祿、利山林、發橫財。

凶：仲婦口舌、心胃病、目盲、耳聾、暗啞。

九九吉：發富、催貴、科甲、生子。

凶：殺傷小口、火災、血光、小腸病、口糜、胵痛，小便赤。眼紅、心疼、頭痛、血光。

第二節　風水雜驗論

（一）論納甲相配，先天後天相配。

※後天坎上來龍，結卯山酉向，酉是先天之坎，坎納癸，癸上來水，水出丑，是坎山坎向流水坎，坎上高峰出富翁。

※後天坤上來龍，結午山子向，子是先天之坤，坤納乙，乙上來水，水出未。是坤山坤向，水流坤，坤上起高峰，富貴英雄出。

※後天震上來龍，結坤山艮向，艮是先天之震，震納庚，庚上來水，水出辰是震山震向水流震，震上高峰，神童狀元生。

※後天巽上來龍，結艮山坤向，坤是先天之巽，巽納辛，辛上來水，水出辰，乃巽山巽向，水流巽，巽上高峰，富豪科甲弟。

※後天乾上來龍，結子山午向，午是先天之乾，乾納甲，甲上來水，水出戌。乃乾山乾向，水流乾，乾上高峰出狀元。

※後天兌上來龍，結乾山巽向，巽是先天之兌，兌納丁，丁上來水，水出戌。乃

兌山兌向，水流兌，兌上高峰，富貴宏。

※後天艮上來龍，結巽山乾向，乾是先天之艮，艮納丙，丙上來水，水出丑。乃艮山艮向，水流艮，艮上高峰出宰相。

※後天離上來龍，結酉山卯向，卯是先天之離，離納壬，壬上來水，水出未，是離山離向水流離，離上高峰出大將。

注：以上龍格先天與後天，納甲相配大格，如元運稍合，既能富貴久遠，發福力大，可稱三元不敗之大格。

（二）向上二十四山陽宅開門放水吉位。

壬向門行甲癸壬，癸中水路值千金，黃泉乾位若無犯，兒孫腰金帶。子向如何放水宮，甲壬辛癸任君用，門行甲卯壬子癸，福壽雙全。

癸向流水壬乙辛，門樓甲乙癸辛壬，面前池塘水，子孫伴帝君。

艮向水流乙壬位，門行乾艮足田莊，黃泉甲癸不相犯，朱紫榮門勝萬金。

寅向門宜對木星，門前只要有朝迎，好將宅水歸壬申，加宮進祿位三公。

甲向：庚行不用塘，丙壬乙水少災殃。門樓宜甲主方位，代代興隆佐帝君。
卯向：水流要壬宮，甲乙丙甚言吉。子丑寅卯行門路，金皆殿上君任走。
乙向：開門丑艮方，若逢癸巳亦堪從，水流癸丙丁方吉人旺興隆。
辰向：門前是未榮，水流甲乙福非輕，砂朝水聚面堂，兒孫富緣長。
巽向：水從丁甲去，積金堆銀，門行甲丙人丁財旺進田莊。
巳向：水宜乙丙丁，可建門樓對木星，端正門堂無缺，財丁富貴興。
丙向：局前宜大塘，門樓甲乙丙丁方，水流從丁甲乙方，庭前蘭桂自興隆。
午向：正南文曲宮，放水須從丁乙中，門安乙卯巳丙午方，富貴位三公。
丁向：面前忌水塘，有塘不安康，門行乙丙方，吉水丁丙乙貴人莊。
未向：乙水流丙申坤是黃泉休犯，門宜辛戌未宮真。
坤向：水流辛丙坤年年進田莊，辛坤乾門行大吉，家中生貴子。
申向：門行庚兼申乾辛亥亦相宜，水流庚丙辛三位，家中積銀。
庚向：水從何處流庚丁辛字去，門開壬丙乾庚位，富貴榮華。
酉向：門行午酉壬方，大水來朝富貴全，水放辛位丁壬吉。
戌向：門開子癸丑戌好相通，若流庚癸天干去，大發横財興隆。

乾向：面堂宜水朝，鬼坤乾位立門樓，水流庚癸兩邊去，丁多財盛興千秋。

亥向：門樓切模差，定行子癸亥宮華，癸辛庚水多平安，富貴。

注：以上二十四向，開門放水是前人根據實地經驗所得，較為準驗。但用時門與水要合當時元運才管用的，丑向原書不載。

（三）雜水論斷訣：

子水流入亥，虎咬蛇傷亡，又逢牛傷死，家敗退田莊，子孫散浪蕩。

丑水流入辰，定出眼疾人，卖田兼卖屋，官非禍重來，子孫走無踪。

寅水流入坤，子孫蛇虎傷，年逢巳酉丑，弟婦及兄傷。

卯水流入寅，兒孫化灰塵，若逢午未年，落水進水無人跟。

辰水流入酉，婦女跟人走，若逢水流巳，三子蛇傷家敗亡。

巳水流入乾，兒孫寄人前，若逢巳酉丑年，家財退不休。

午水流入巽，二子腸寸斷，若逢亥卯未年，官非重，兒孫必太窮。

未水流入乙，兒孫化灰塵，路死無跟。

申水流入辰，卖田與他人，兒孫被水浸，代代必定窮，乞食走東西。
酉水流入震（卯）家有缺口人，帶子人口吉，無事被人欺，災來重重見。
戌水流入丙丁行，代代受粮田，狗咬蛇傷兒，雞無半夜啼。
亥水流入巽，二子生雙兒。
乾水流入丑，病多年年有。
卯水流入丑，男敗，女走，並在眼生疾。
丙水流入申，定出盲眼人。
辰水流入巽，長子日日愁。家敗退無休。
以上十二地支雜水論，是根據實際經驗得來，如得現時元運，不發凶，元運過後即發凶。

（四）入墳斷

養、生、貪狼水朝，內有氣生墓內榮，兒孫代代紫衣榮，骨青黃色。
巨門水來君墓扦，墓內生苗腳門連，墳內生青苔樹根。

祿存水來不堪言，亡人棺內生白蟻、蜈蚣。
文曲水來無十分，亡人棺內定水浸。
廉貞來水亦無情，棺內骨散亂。
破軍來水最不良，滿棺坭。
武曲來水大吉昌，墓內骨如金黃。
（注：以上七星水法，是根據向上雙山五行定局來診斷）

（五）八宅論斷

坎宅（壬子癸）
巽合貪狼水木相生大吉，財丁兩旺。
震合巨門，水木相生半吉剋妻，不利家長。
艮合廉貞，水火相剋不吉
離合武曲，水火相剋凶，婦難產。兌合祿存方位凶。
坤合破軍，相剋不吉，中男招是非。乾合文曲主淫富。

艮宅（丑艮寅）

乾合巨門星相生吉。震合文曲門不利。坎合廉貞不吉。巽合破軍相剋不吉，小兒疾多。

離合祿存比和平吉，坤合貪狼門剋宮不利，生子難養。

兌合武曲金金土相生，財穀豐盛。

震宅（甲卯乙）

巽合武曲門平和吉，兌合破軍門凶。

坤合祿存門凶疾多，離合貪狼門水木相生，招財豐。

乾合廉貞凶，艮合文曲木土相剋。

坎合巨門星須剋不吉。

巽宅（辰巽巳）

乾合廉貞木剋土凶，傷母，兌合文曲方剋宮口舌破財。

乾合祿存金木相剋凶，艮合破軍大凶，少亡更招禍。

離門合巨門水木生吉，震合武曲剋為平吉。
坎合貪狼水木相生，添丁喜氣多。

離宅（丙午丁）
坤合文曲星剋宮凶，兌合廉貞金火相剋多血患。
乾合破軍相剋凶，艮合祿存凶，火煞，血症。震合貪狼吉富如震雷，坎合武曲相剋，目不明。
巽合巨門相生吉。

坤宅（未坤申）
兌合巨門相生吉，富田莊，乾合武曲大吉。
坎合破軍相剋中男損傷。巽合廉貞大凶，姑媳不和。
艮含貪狼平吉，震合祿存不吉，傷足。
離合文曲相剋凶。

兌宅（庚酉辛）

乾合貪狼門大吉，巽合文曲相剋凶。

艮合武曲相生大吉，坎合祿存金水相生吉。

離合廉貞不吉，壽短，震合破軍長子亡。

坤合巨門發財旺人丁。

乾宅（戌乾亥）

坎合文曲門不合凶，艮合巨門金水相生吉。

震合廉貞大凶，長男病疾，兌合貪狼吉，但不利長男長女。

坤合武曲相生吉，巽合祿存生，吉。

離合破軍官非不歇。

注：以上八宅八方論生剋吉凶，是以坐山起星配出大門的方位或灶的方位，論其生剋，以相生，貪狼、巨門、武曲，三吉星為貴，相剋為凶，此是八宅的根本，需風水以元運為主，得運為上，所以陽宅兩者相得最佳，得失方，過運得發凶，得方失運也為平穩，例如，現下元，乾宅開離門，方位不合，但離門得下元之旺氣，也可算吉運，

但到至上元一運立見發凶，又如，乾宅開兑門，得方位合，又得下元旺氣，這樣運至上元也為吉平論，不會發凶的。風水要主重一局一運，兩兩相配為上。

收山納水表

向	上元	下元
甲癸申	乾水	乾山
坤壬乙	兑水	兑山
子卯未	艮水	艮山
乾戌巳	離水	離山
巽辰亥	坎山	坎水
艮丙辛	坤山	坤水
寅庚丁	震山	震水
午酉丑	巽山	巽水

周天分金度秘斷

壬山丙向兼亥：坐周天342、343度吉，二三房富貴，金土生人應，木人富貴不久，兼子，坐周天349、350度主富貴，易興易發，久後出眼疾。子山午向：兼癸，坐周天5、6度吉，太陽臨位長房金水火人富貴雙全，兼壬，坐周天358.、359度吉，太陽相位主金土水人富貴，房份均發。坐周天356度犯木關殺，有少亡，一代富一代窮。

癸山丁向：兼子，坐周天13、14度吉，長四房富貴人丁兩旺。兼丑，坐周天19度主長三富貴二、四房人丁旺，坐周天17、18度，犯金木關主少亡孤寡，長三損陰人不吉。

丑山未向：兼艮，坐周天33、34度，諸房大發富貴土生人應。兼癸，坐周天28、29度吉，長房大利，二、四房平平，坐周天35度主孤寡少亡犯殺不吉。

艮山坤向：兼丑，坐周天39度吉，二、四房富貴。兼寅，坐周天49度吉，主二房富貴，長亦發。

寅山申向：兼甲，坐周天65度吉諸房齊發，兼艮，坐周天57、58度主房房大旺人丁財，坐周天61、62度犯關殺出呆人不吉。

甲山庚向：兼寅坐周天71、72度吉，初年平平，久後富貴雙全，長四房大吉，兼卯坐周天81度吉，二房富貴，坐周天82度犯關殺。

卯山酉向：兼乙，坐周天94度吉，諸房均發。兼甲坐周天87度吉、長房大旺，諸房人才並發。

乙山辛向：兼卯，坐周天102度吉，諸房均發。兼辰，坐周天109度吉，主富貴雙全，坐周天111度犯關殺主瞎眼之人。

辰山戌向：兼巽，坐周天126、127度主大發富貴進田財，少年科甲，坐周天123、124度犯關殺主夭亡刑傷孤寡。兼乙，坐周天118度吉，主富貴雙全。

巽山乾向兼辰：坐周天133、132度吉，主富貴不絕。兼巳，坐周天140、141度吉，速發。

巳山亥向：兼丙，坐周天154、155度吉主長房富貴，小房吉，有砂秀出高官，坐周天151度犯差錯凶。兼巽，坐周天147、148度吉，均發。

丙山壬向：兼巳坐周天162、163度吉，主二房大發富貴，長三房平平。坐周天160度犯關殺不吉。兼午：坐周天167、168度吉，主二房大富。

午山子向兼丁：坐周天185、186度吉，主火水土生人剛勇富貴，三房大發，對陰人不利。兼丙，坐周天179度，主二房先發富貴，水生人財旺，小房不利，需富主人忤逆少亡。

丁山癸向：兼午，坐周天191、192度主諸房大發富貴。兼未，坐周天198度主長房先文後武貴，二房平平。

未山丑向：兼坤，坐周天214度，主富貴綿遠，妻才進婦人橫財，旺火土生人，小房大發人才中次之。兼丁坐周天205度，主富貴招妻才大發，中小發貴，及長房及弟世代富貴，主火土水人吉。

坤山艮向：兼未，坐周天221、222度吉，主三房出富貴旺人才子孫文章蓋世。兼申，坐周天223、224度吉，主土生人富貴火人吉，二、四房均發。

申山寅向：兼庚，坐周天243度吉，主初年富貴足，男得貴妻，女得貴夫，金土生人吉。兼坤，坐周天238度吉，主土生人富貴，坐周天236度犯差錯，主少亡，過房。

庚山甲向：兼申，坐周天253度吉，主諸房均發，兼酉，坐周天258、259度吉主、二房平平，坐周天255、256度犯淫奔亡，又犯關殺，長房損丁。

酉山卯向：兼辛，坐周天275、276度吉，主長房，小房富貴大旺人丁財，二房官居上品，世代富貴，火生人應。兼庚，坐周天268度吉，主二、三房富貴世代永久，金木人應。

辛山乙向：兼酉，坐周天282、283度吉，主二、四房富貴旺人丁，坐周天285度犯關殺。兼戌，坐周天290度主人財兩旺，三房小凶。

戌山辰向：兼乾，坐周天303、304度，主貴，木土生人富三代不謝，兼辛，坐周天297度，主長房大發富貴，人才並旺，三房損丁長小房先發。

乾山巽向：兼戌，坐周天310、311、312度吉，主二房富貴雙全，兼亥，坐周天319、320度吉，主二房富貴，女主皇妃之應，木土生人應長房次之，三房平平。

亥山巳向：兼壬，坐周天332、333度吉，是主長房發財，小房次之。兼乾，坐周天328度吉，主二房先發，諸房均吉，主水土生人吉，金生人富貴主淫。

以上為本門線法秘度，用之神驗。

附錄（調風水）

八門佈水催財：（下元）

大門	佈水
坎	坤
坤	巽
震	巽
巽	震
乾	巽
兌	坎
艮	震
離	震

流年紫白入中八宅催財佈水圖

	1	2	3	4	6	7	8	9
坎	巽	坤	巽	坤	坎	巽	震	巽
坤	震	巽	坎	巽	震	巽	巽	坤
震	巽	坎	震	坎	坎	坤	震	巽
巽	坤	坤	震	巽	坎	巽	震	震
乾	坎	震	震	坎	坎	坤	坎	巽
兌	坤	巽	巽	坤	坤	巽	巽	巽
艮	震	巽	震	震	坎	坎	震	巽
離	坤	坤	震	坤	坎	巽	巽	震

大門佈水是宅的流年財位，與固定宅的長期財位兩種，男可催婚，如同流年配合效果最佳，在玄命日譜中擇出吉日，佈魚缸，風水輪即可。

八門佈火（燈籠、長明燈）催丁、貴。（下元）

大門	燈
坎	兌
坤	乾
震	離
巽	兌
乾	離
兌	艮
艮	乾
離	乾

八宅流年佈火（催丁、貴）（下元）

	坎	坤	震	巽	乾	兌	艮	離
1	艮	兌	艮	兌	艮	艮	兌	艮
2	兌	兌	乾	離	離	兌	乾	乾
3	乾	乾	乾	艮	離	離	乾	乾
4	兌	離	離	離	兌	離	兌	兌
6	兌	離	離	兌	艮	兌	黎	兌
7	艮	兌	艮	艮	乾	乾	乾	艮
8	艮	兌	艮	艮	離	乾	艮	離
9	艮	乾	乾	兌	離	艮	離	艮

注：燈，在風水屬正神，可催貴，文昌，旺丁的作用女可催婚。

祿（六）門救貧秘法（下元）

坐山頤復卦，開門午方。坐山坤剝卦，開門丁方。

坐山家人，即濟卦，開門戌方。坐山睽，歸妹卦，開門寅方。

坐山蹇漸卦，開門寅方。坐山解，未濟卦，開門戌方。

坐山損，臨益屯、比觀卦，開口酉方。坐山同人，革卦，開門丙方。

坐山大有，大壯卦，開門酉方。坐山恆，鼎卦，開門丙方。

坐山咸，豚卦，開門丙方。坐山無妄，隨卦開門乾方。

坐山升，蠱卦，開門乾方。坐山大畜，泰卦，開門艮方。

坐山否，萃卦，開門艮方。坐山離，豐卦，開門辛方。

坐山中孚，節卦，開門庚方。坐山小過，旅卦，開門庚。

坐山坎，渙卦，開門辛方。坐山賁，明夷卦，開門乾方。

坐山嗑，震卦，開門亥方。坐山豫，晉卦，開門丑方。

坐山謙，艮卦，開門艮方。坐山履，兌卦，開門坤方。

坐山小畜，需卦，開門巽方。坐山井，巽卦，開門巳方。

坐山困，訟卦，開門巽方。

注：此開門法、定坐山用邵子先天六十四卦，此屬地理之秘。

八灶催丁：

坎灶：卯年亥卯未月修之應發丁。

坤灶：酉年巳酉丑月修之應發丁。

震灶：子年申子辰月修之應發丁。

巽灶：午年寅午戌月修之應發丁。

乾灶：丑年巳酉丑月修之應發丁。

兌灶：申年，申子辰月修之應發丁。

艮灶：酉年巳酉丑月修之應發丁。

離灶：巳年巳酉丑月修之應發丁。

八灶催財，利婚：

坎灶：巳年，巳酉丑月修之應發財。
坤灶：寅年，寅午戌月修之應發財。
震灶：午年寅午戌月修之應發財。
巽灶：子年申子辰月修之應發財。
乾灶：酉年巳酉丑月修之應發財。
兌灶：亥年亥卯未月修之應發財。
艮灶：申年申子辰月修之應發財。
離灶：卯年亥卯未月修之應發財。

八門催貴：

坎門：辰年，申子辰月修應。
坤門：丑年，巳酉丑月修應。

震門：午年，寅午戌月修應。
巽門：子年，申子辰月修應。
乾門：酉年，巳酉丑月修應。
兌門：戌年，寅午戌月修應。
艮門：未年，亥卯未月修應。
離門：卯年，亥卯未月修應。

八門催財：

坎門：巳年，巳酉丑月修應。
坤門：亥年，亥卯未月修應。
震門：辰年，申子辰月修應。
巽門：卯年，亥卯未月修應。
乾門：寅年，寅午戌月修應。
兌門：丑年，巳酉丑月修應。

艮門：酉年，巳酉丑月修應。
離門：卯年，亥卯未月修應。

八床去病（安床）

坎床：卯年，亥卯未月安應。
坤床：酉年，巳酉丑月安應。
震床：子年，申子辰月安應。
巽床：午年，寅午戌月安應。
乾床：丑年，巳酉丑月安應。
兌床：未年，亥卯未月安應。
艮床：戌年，寅午戌月安應。
離床：辰年，申子辰月安應。

八床催丁（安床）

坎床：午年，寅午戌月應。
坤床：寅年，寅午戌月應。
震床：午年，寅午戌月應。
巽床：子年，申子辰月應。
乾床：酉年，巳酉丑月應。
兌床：亥年，亥卯未月應。
艮床：申年，申子辰月應。
離床：卯年，亥卯未月應。

例：宅：大門離方，灶在震方。
如財不旺，貧困
（一）午年寅午戌月將原灶拆掉重修之可催財。
（二）卯年亥卯未月將大門拆掉重修之可催財。

又如：婚後無丁。

（一）申年申子辰月安床艮位催丁。

（二）酉年巳酉丑月安床乾位催丁。

餘仿此，如此法與兩遁日課配合更佳。

以上各法是本門口傳心法，從不立文字，現編成文字在門內弟子中使用，請秘藏之不可亂傳。

易學・術數・養生・太極拳 課程

易學、易占	實用象數易六爻占卜基礎、進階	愚人老師（《增刪卜易之六爻古今分析》作者）	本課程介紹象數易六爻占卜基礎。深入淺出。除理論外，配以六爻占卜實際操作及解卦方法。
	六爻入門、深造、《增刪卜易》理論研討	李凡丁老師（《全本校註增刪卜易》作者）	以《增刪卜易》為經，民間六爻為緯，分易占思維、基礎點竅、事理取用、卦爻結構、作用順序、象法初階等幾方面進行講解。首次公開六爻『流動、卦陣、虛實』三大理論
八字命理	峨眉宗八字命理學及修煉用神（改善運程）	峨眉臨濟宗掌門傳偉中老師指定導師	快速準確掌握八字用神。不單可以通過八字命理「知命」，更可以通過峨眉臨濟宗傳承的獨有修煉用神方法改善運程。
紫微斗數	紫微斗數初班	潘國森老師（《斗數詳批蔣介石》、《潘國森斗數教程》系列作者）	・簡介陰陽五行、星命學、曆法。 ・斗數基礎與局限。命盤十二宮。 ・十四正曜，十四助曜，十干四化，八十雜曜等性質。 ・命格、大運、流年。名人命例。
	紫微斗數高班		十四正曜性質之變化，南北斗中天主星之性質。命身宮與格局，大運流年影響。六親宮位的推斷原則。一百四十四格與十干四化之交涉。以名人命例作教材。並指導學員撰寫簡單批書。
風水	廖氏家傳玄命風水學面授課程（入門班、中級班、高級班）	江西廖氏家傳玄命風水三十七代傳人廖民生老師	本課程系統教授江西興國三僚廖氏過去單傳的風水，包括形勢（巒頭）、理氣的不同用法：〈玄關訣〉、〈斗秘訣〉、〈楊公鎮山訣〉、〈此子訣〉、〈三陽六秀訣〉、〈三合訣〉、〈小玄空訣〉、〈大玄空訣〉……以及擇日等；準確率高達96%以上。
	玄空風水實用初班	李泗達老師（《玄空風水心得》（一）（二）作者）	科學設計課程，深入淺出，一針見血，快速有效。風水基本知識、室內外巒頭、常見風水煞及化解法、元運、量天尺、排山掌訣、玄空飛星盤、四大格局初探、五行擇日、九星初探、簡易斷事、流年風水佈局
	玄空風水高級課程		四大格局精義、合十格局、反伏吟、三般卦、七星打劫、城門訣、兼卦、流年催財訣、流年催桃花訣、流年催官訣

養生	峨眉十二莊養生功	峨眉臨濟宗掌門傅偉中老師指定導師	博大精深、融匯中醫、氣功、武學、禪修等功法，千錘百鍊，由淺入深。十二莊分別稱為『天、地、之、心、龍、鶴、風、雲、大、小、幽、明（冥）。』十二莊還分為文武兩勢和大小煉形法，根據人身經絡氣脈的順暢程度，運用不同的架勢方法進行鍛煉。益處包括：強健機能，保持悅樂。對各種慢性疾病具有神奇的療理保健作用。習武練功者可迅速加深功境。堅持修煉，可證禪無我境界，身心離苦，得生活藝術大自在。
太極拳、太極內功	汪永泉楊氏太極拳（老六路）內功、行功與揉手	汪永泉傳楊氏太極拳研究會會長	太極拳內練的功法。過去多是秘傳，知者甚少。根據楊建侯宗師再傳弟子汪永泉先生傳承的講法『內功太極拳（老六路）』，其獨特之處，不僅在招式，當中有動有靜，著重內功。根據行者的年齡、身體情況、練習招或術、養生或技擊等，姿勢可以大或小，高或低，快或慢……太極拳本無特定之招式，為教學之故，非不得已通過招式、套路、推手（揉手）、器械等去掌握內功與外形的配合，陰陽動靜等。』

報名、查詢：心一堂

電話：（八五二）六七一五〇八四〇
地址：香港九龍旺角西洋菜街南街5號 好望角大廈1003室
電郵：sunyatabook@gmail.com
網址：http://institute.sunyata.cc
Facebook: www.facebook.com/sunyatabook

心一堂術數古籍珍本叢刊 第一輯書目

占筮類

1	擲地金聲搜精秘訣	心一堂編	沈氏研易樓藏稀見易占秘鈔本
2	卜易拆字秘傳百日通	心一堂編	
3	易占陽宅六十四卦秘斷	心一堂編	火珠林占陽宅風水秘鈔本

星命類

4	斗數宣微	【民國】王裁珊	民初最重要斗數著述之一；未刪改本
5	斗數觀測錄	【民國】王裁珊	失傳民初斗數重要著作
6	《地星會源》《斗數綱要》合刊	心一堂編	失傳的第三種飛星斗數
7	《斗數秘鈔》《紫微斗數之捷徑》合刊	心一堂編	珍稀「紫微斗數」舊鈔
8	斗數演例	心一堂編	秘本
9	紫微斗數全書（清初刻原本）	題【宋】陳希夷	斗數全書本來面目；有別於錯誤極多的坊本
10-12	鐵板神數（清刻足本）——附秘鈔密碼表	題【宋】邵雍	無錯漏原版 秘鈔密碼表 首次公開！
13-15	蠢子數纏度	題【宋】邵雍	蠢子數連密碼表 打破數百年秘傳 首次公開！
16-19	皇極數	題【宋】邵雍	清鈔孤本附起例及完整密碼表 研究神數必讀！
20-21	邵夫子先天神數	題【宋】邵雍	附手鈔密碼表 研究神數必讀！
22	八刻分經定數（密碼表）	題【宋】邵雍	皇極數另一版本；附手鈔密碼表
23	新命理探原	【民國】袁樹珊	子平命理必讀教科書！
24-25	袁氏命譜	【民國】袁樹珊	
26	韋氏命學講義	【民國】韋千里	民初二大命理家南袁北韋
27	千里命稿	【民國】韋千里	
28	精選命理約言	【民國】韋千里	北韋之命理經典
29	滴天髓闡微——附李雨田命理初學捷徑	【民國】袁樹珊、李雨田	命理經典未刪改足本
30	段氏白話命學綱要	【民國】段方	民初命理經典最淺白易懂
31	命理用神精華	【民國】王心田	學命理者之寶鏡

編號	書名	作者	備註
32	命學探驪集	【民國】張巢雲	發前人所未發 稀見民初子平命理著作
33	澹園命談	【民國】高澹園	
34	算命一讀通——鴻福齊天	【民國】不空居士、覺先居士合纂	
35	子平玄理	【民國】施惕君	
36	星命風水秘傳百日通	心一堂編	
37	命理大四字金前定	題【晉】鬼谷子王詡	源自元代算命術
38	命理斷語義理源深	心一堂編	稀見清代批命斷語及活套
39－40	文武星案	【明】陸位	失傳四百年《張果星宗》姊妹篇 千多星盤命例 研究命學必備
相術類			
41	新相人學講義	【民國】楊叔和	失傳民初白話文相術書
42	手相學淺說	【民國】黃龍	民初中西結合手相學經典
43	大清相法	心一堂編	重現失傳經典相書
44	相法易知	心一堂編	
45	相法秘傳百日通	心一堂編	
堪輿類			
46	靈城精義箋	【清】沈竹礽	沈氏玄空遺珍 玄空風水必讀
47	地理辨正抉要	【清】沈竹礽	
48	《玄空古義四種通釋》《地理疑義答問》合刊	沈瓞民	
49	《沈氏玄空吹虀室雜存》《玄空捷訣》合刊	【民國】申聽禪	
50	漢鏡齋堪輿小識	【民國】查國珍、沈瓞民	
51	堪輿一覽	【清】孫竹田	失傳已久的無常派玄空經典
52	章仲山挨星秘訣（修定版）	【清】章仲山	章仲山無常派玄空珍秘 門內秘本首次公開
53	臨穴指南	【清】章仲山	沈竹礽等大師尋覓一生未得之珍本！
54	章仲山宅案附無常派玄空秘要	心一堂編	
55	地理辨正補	【清】朱小鶴	玄空六派蘇州派代表作
56	陽宅覺元氏新書	【清】元祝垚	簡易・有效・神驗之玄空陽宅法
57	地學鐵骨秘 附 吳師青藏命理大易數	【民國】吳師青	釋玄空廣東派地學之秘
58－61	四秘全書十二種（清刻原本）	【清】尹一勺	玄空湘楚派經典本來面目 有別於錯誤極多的坊本

62	地理辨正補註 附 元空秘旨 天元五歌 玄空精髓 心法秘訣等數種合刊	【民國】胡仲言	貫通易理、巒頭、三元、三合、天星、中醫
63	地理辨正自解	【清】李思白	公開玄空家「分率尺、工部尺、量天尺」之秘
64	許氏地理辨正釋義	【民國】許錦灝	民國易學名家黃元炳力薦
65	地理辨正天玉經內傳要訣圖解	【清】程懷榮	秘訣一語道破，圖文并茂
66	謝氏地理書	【民國】謝復	玄空體用兼備、深入淺出
67	論山水元運易理斷驗、三元氣運說附紫白訣等五種合刊	【宋】吳景鸞等	失傳古本《玄空秘旨》《紫白訣》
68	星卦奧義圖訣	【清】施安仁	
69	三元地學秘傳	【清】何文源	
70	三元玄空挨星四十八局圖說	心一堂編	三元玄空門內秘笈 清鈔孤本 過去均為必須守秘不能公開秘密 與今天流行飛星法不同
71	三元挨星秘訣仙傳	心一堂編	
72	三元地理正傳	心一堂編	
73	三元天心正運	心一堂編	
74	元空紫白陽宅秘旨	心一堂編	
75	玄空挨星秘圖 附 堪輿指迷	心一堂編	
76	姚氏地理辨正圖說 附 地理九星并挨星真訣全圖 秘傳河圖精義等數種合刊	【清】姚文田等	
77	元空法鑑批點本——附 法鑑口授訣要、秘傳玄空三鑑奧義匯鈔 合刊	【清】曾懷玉等	蓮池心法 玄空六法門內秘鈔本首次公開
78	元空法鑑心法	【清】曾懷玉等	
79	蔣徒傳天玉經補註	【清】項木林、曾懷玉	
80	地理學新義	【民國】俞仁宇撰	
81	地理辨正揭隱(足本) 附連城派秘鈔口訣	【民國】王邈達	揭開連城派風水之秘
82	趙連城傳地理秘訣附雪庵和尚字字金	【明】趙連城	
83	趙連城秘傳楊公地理真訣	【明】趙連城	
84	地理法門全書	仗溪子、芝罘子	巒頭風水，內容簡核、深入淺出
85	地理方外別傳	【清】熙齋上人	巒頭形勢、「望氣」「鑑神」
86	地理輯要	【清】余鵬	集地理經典之精要
87	地理秘珍	【清】錫九氏	巒頭、三合天星，圖文並茂
88	《羅經舉要》附《附三合天機秘訣》	【清】賈長吉	清鈔孤本羅經、三合訣法圖解
89-90	嚴陵張九儀增釋地理琢玉斧巒	【清】張九儀	清初三合風水名家張九儀經典清刻原本！

91	地學形勢摘要	心一堂編	形家秘鈔珍本
92	《平洋地理入門》《巒頭圖解》合刊	【清】盧崇台	平洋水法、形家秘本
93	《鑒水極玄經》《秘授水法》合刊	【唐】司馬頭陀、【清】鮑湘襟	千古之秘，不可妄傳匪人
94	平洋地理闡秘	心一堂編	雲間三元平洋形法秘鈔珍本
95	地經圖說	【清】余九皋	形勢理氣、精繪圖文
96	司馬頭陀地鉗	【唐】司馬頭陀	流傳極稀《地鉗》
97	欽天監地理醒世切要辨論	【清】欽天監	公開清代皇室御用風水真本
三式類			
98－99	大六壬尋源二種	【清】張純照	六壬入門、占課指南
100	六壬教科六壬鑰	【民國】蔣問天	由淺入深，首尾悉備
101	壬課總訣	心一堂編	過去術家不外傳的珍稀六壬術秘鈔本
102	六壬秘斷	心一堂編	
103	大六壬類闡	心一堂編	
104	六壬秘笈——韋千里占卜講義	【民國】韋千里	六壬入門必備
105	壬學述古	【民國】曹仁麟	依法占之，「無不神驗」
106	奇門揭要	心一堂編	集「法奇門」、「術奇門」精要
107	奇門行軍要略	【清】劉文瀾	條理清晰、簡明易用
108	奇門大宗直旨	劉毗	天下孤本 首次公開 虛白廬藏本《秘藏遁甲天機》 奇門不傳之秘 應驗如神
109	奇門三奇干支神應	馮繼明	
110	奇門仙機	題【漢】張子房	
111	奇門心法秘纂	題【漢】韓信（淮陰侯）	
112	奇門廬中闡秘	題【三國】諸葛武侯註	
選擇類			
113－114	儀度六壬選日要訣	【清】張九儀	清初三合風水名家張九儀擇日秘傳
115	天元選擇辨正	【清】一園主人	釋蔣大鴻天元選擇法
其他類			
116	述卜筮星相學	【民國】袁樹珊	民初二大命理家南袁北韋 南袁之術數經典
117－120	中國歷代卜人傳	【民國】袁樹珊	

心一堂術數古籍整理叢刊

全本校註增刪卜易	【清】野鶴老人	李凡丁（鼎升）校註
紫微斗數捷覽（明刊孤本）附點校本	傳【宋】陳希夷	馮一、心一堂術數古籍整理小組點校
紫微斗數全書古訣辨正	傳【宋】陳希夷	潘國森辨正
應天歌（修訂版）附格物至言	【宋】郭程撰　傳	莊圓整理
壬竅	【清】無無野人小蘇郎逸	劉浩君校訂
奇門祕覈（臺藏本）	【元】佚名	李鏘濤、鄭同校訂
臨穴指南選註	【清】章仲山原著	梁國誠選註

心一堂當代術數文庫

書名	作者
增刪卜易之六爻古今分析	愚人
命理學教材（第一級）	段子昱
斗數詳批蔣介石	潘國森
潘國森斗數教程（一）：入門篇	潘國森
紫微斗數不再玄	犂民
玄空風水心得（增訂版）（附流年催旺化煞秘訣）	李泗達
玄空風水心得（二）──沈氏玄空學研究心得（修訂版）附流年飛星佈局	李泗達
廖氏家傳玄命風水學（一）──基礎篇及玄關地命篇	廖民生
廖氏家傳玄命風水學（二）──玄空斗秘篇	廖民生
廖氏家傳玄命風水學（三）──楊公鎮山訣篇附斷驗及調風水	廖民生
廖氏家傳玄命風水學（四）──秘訣篇：些子訣、兩元挨星、擇吉等	廖民生